# 仕事は
# 1冊のノートで
# 10倍差がつく

鈴木進介

明日香出版社

# はじめに

本書を手に取っていただき、本当にありがとうございます。

はじめに告白しておきます。本書は執筆のオファーが来たときから、正直言ってあまり書きたくありませんでした。なぜなら、私の頭の中身を丸裸にしてしまうからです。


私は「思考の整理家®」という肩書で、思考をシンプルに整理することで成果をだす方法を、企業や個人に教えています。この活動は起業後、20年近くの月日が過ぎました。

はじめの5年間くらいは生活もままならず、食えない低空飛行が続きました。世のエリートに嫉妬しながらも、仕事の不安、お金の不安、生活の不安など、自らのネガティブな思考にマウンティングされていたのです。

ところが、もがき苦しむ中、いつの日か「ノートで思考を整理すれば、問題の9割が解決している」ことに気づくようになりました。

それ以来、上場企業や各界リーダーの人材育成トレーナーとして、またコンサルタントとして本を出すまでに人生は急上昇したのです。

つまり、本書を書くことで、自分が悪戦苦闘した恥ずかしい過去の〝思考の整理過程〟がバレてしまうというわけです。唯一救いなのは、恥ずかしくない側面も少しだけあったことでしょう。

さて、世間は新型ウイルスや予期しない天災などの脅威と、常に隣り合わせになっています。またグローバル化とＡＩ社会の中で、時代のスピードが加速する一方です。このような環境の変化によって、振り回され、悩み、苦しんでいる人も続出していることでしょう。

そこで本書では、ノートを使って脳内をスッキリさせ、仕事や人生の悩みを解決する方法を示しました。

「考えごとが多くてゴチャゴチャになった頭をスッキリさせたい」

「目標が達成できない」

「提案書やプレゼンがうまくまとまらない」

「問題解決するためのアイデアが出てこない」

「先が見えない時代に生きる指針を明確にしたい」

「悩みは書き出せばいい！　と聞くけどやり方がわからない」


このような問題に思い当たる節はありませんか？

詳細は後ほど説明しますが、1冊のノートと1本のペンがあれば、それで十分です。コストにして数百円です。たった数百円で人生が変わるのであれば、これほど安い投資はありません。私も数百円の投資だけで食えない時代を脱出できましたから、自信を持って今回お話しできます。


「進路に悩み、この先どうしていけばいいのか？　と悶々としていた日々」

「せっかく目標を決めたのに行動に踏み切れず停滞していたとき」

「忙しくて自分を見失いそうになり立ち止まってみた瞬間」

「問題が発生して不安とストレスで眠れない夜」

「伝えたいことがうまく伝わらず仕事が停滞したとき」

これまでも、そして今でも数々の試練が毎日のように降りかかってきます。そんなとき、ノートを開き長年無心で書き殴っていると、するすると試練を乗り越えるツタが天から伸びてくるかのように一筋の光が毎回見つかるのです。

いつの日か、ノートを使って試練を乗り越えていくプロセスが、独自のメソッドとして身につくまでになっていました。それ以来、私のストレスは激減し、今度は困っている方々をノートを使った脳内整理によってサポートするようになっていたのです。本書もこのようないきさつから誕生しました。

今、私たちを取り巻く環境は混迷し、厳しさを増しています。もしかしたら、あなたの頭の中も時代環境とシンクロするように混乱することがあるかもしれませんね。書籍を通じて少しでも混乱からあなたを守り、私自身が経験してきた〝武器としてのノート術〟を分かち合いたい。今回は、このような想いから執筆がスタートしました。

本書が、ノートを通じて自分らしい人生を切り拓き、ときには再起するキッカケになればこれほど嬉しいことはありません。

鈴木 進介

目次

第2章

# 脳内を整理するノートの作法

## 第3章 キャリアを切り拓く「目標ノート」

第4章

# 第一歩目が軽くなる「行動ノート」

## 第5章 今に集中できる「振り返りノート」

# 第6章 悩みを最小化できる「解決ノート」

# 第7章 勝利をたぐり寄せる「プレゼンノート」

第8章

# インプットを成果に変える「アウトプットノート」

○ブックデザイン　藤塚尚子（e to kumi）
○図版　システムタンク
○校正　鷗来堂

# 第1章

# 書くことが人生を作り出す

# 1 書くことで自分だけの正解を作る

これまでさまざまなノート術の書籍を読んでは試し、「さぁ、がんばるぞ！」と意気込むものの1週間と続かず、「まぁ、いいか」というつぶやきのもとにやめてしまう。結局、身近にあったメモや手帳やPCへ適当に走り書きして、頭の中はグチャグチャのまま。仕事もぱっとせずに鬱屈（うっくつ）している……。

何を隠そう10年以上前の私です。

「仕事ができる人はノートの書き方が上手」という、どこかで目にしたキャッチコピーを真に受けて研究したにもかかわらず、単にノート術のコレクターになっていたのです。それもこれも、「キレイにノートをとる＝仕事で成果が出る」という大きな勘違いをしていたことが原因でした。

「いったい、何のためにノートを書くのだろうか？」

当時の私は、そこをあまり深く考えずにノートをとっていたのです。ノートを書く行為は手段にすぎません。ノートを書く目的なくして手段を極めても、仕事で成果につながるわけがないのです。

あなたは、何のためにノートを使いますか？

キレイにノートをとることができたという満足感が欲しいためですか？　いつかこの情報を使うかも……と、記録漏れの不安を解消するためですか？　それとも、ノートをとることで、インプットされた知識が豊富になるからでしょうか？

私には明確な目的があります。

それは、**「思考を整理するため」**です。

インプットし、記録するだけであれば、スマホやPCで十分でしょう。ただ放っておいても大量に画面から情報が飛び込んでくる常時接続時代ですから、インプット作業そのものに価値はありません。**大切なことは、インプットした情報を「ノートで整理」して「自分なりの考えを持つこと」です。**

あとで詳述しますが、ノートはデジタルツールに比べて書く自由度が高いため、自分の思考を深めやすいというメリットがあります。**「自分なりの正解を作るツール」としてノートが存在しているのです。**

2020年の春にはじまったコロナ禍においても、玉石混淆（ぎょくせきこんこう）の情報が日々私たちの脳に流れ込んできました。さらにコロナ禍をきっかけに社会全体のデジタル化が加速し、仕事もますます忙しさが増してきているようにも思えます。ぼーっと生きてると、流されてしまうか、取り残されてしまうかの厳しい時代にいるのです。

「情報過多」「仕事の多忙化」は、自分自身を見失ってしまうリスクがあります。何が本当に大切な情報かわからない、どの仕事に集中すればいいのかわからない、といった状態では、「周りの情報に流される」「忙しいだけで次のことを考える余裕がない」といったことがおきます。

つまり、情報や仕事内容をインプットし、ただノートに書くだけでは「何も得ることができない」時代というわけです。キレイなノートを作ることに注力しても、それだけでは何の価値も生み出しません。

**仕事ができる人を見ていると、ノートをとることで「思考を整理」し、何が自分にとって正解なのかと考えるクセを持っています。**そのため、世間や仕事中に発生するノイズに邪魔されることなく、「成果を勝ち取るスピードが速い」のです。

これから先、私たちの生きていく環境はますます混迷していくことでしょう。突然起きる大震災や感染症の問題など、先が見えない時代です。先が見えないということは、正解がないということなので、自分の身の処し方に悩む場面が増え

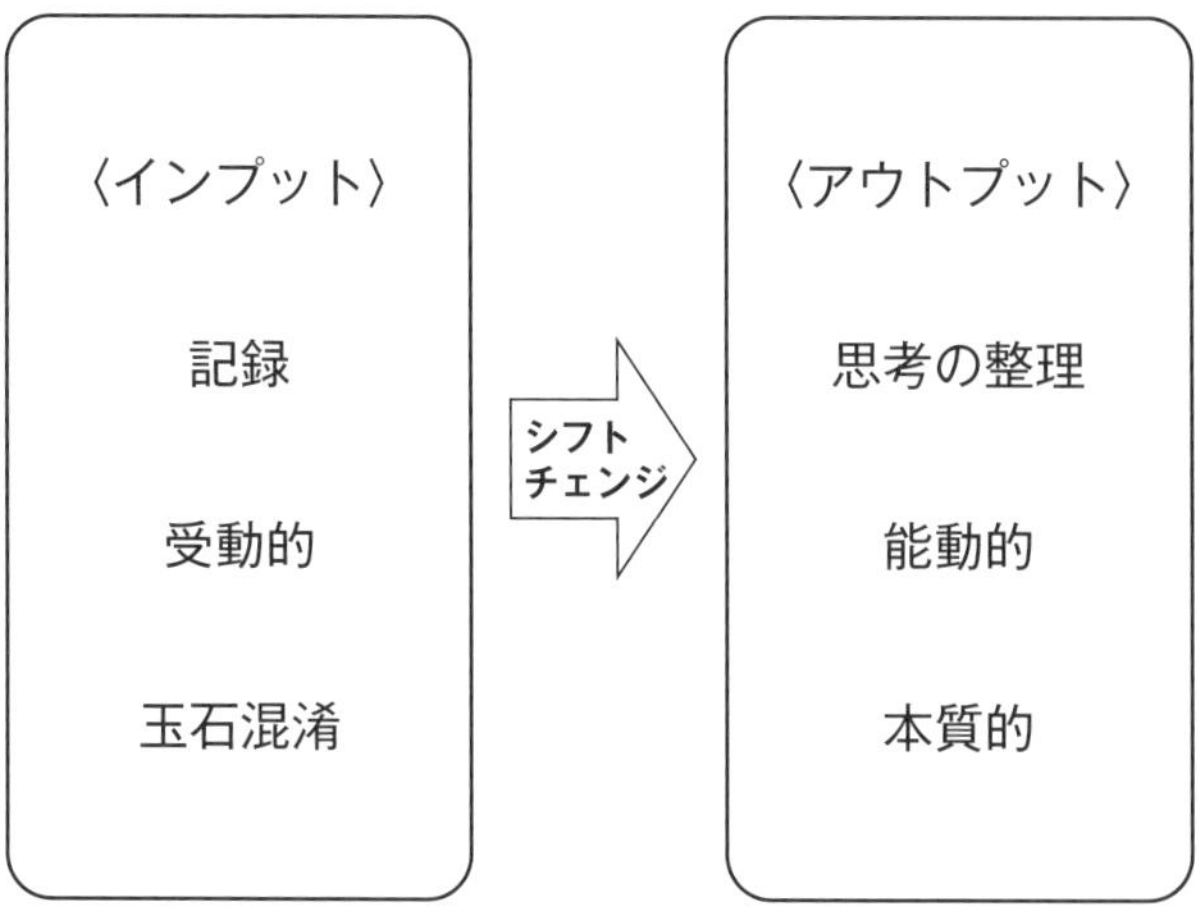

てくることでしょう。それならば、いっそのこと、自分で正解を作っていけばいいのです。「正解を作る」とは、納得がいく仕事、納得がいく人生を自分の頭でしっかりと考え出すことです。

**「ノートは、記録のため（インプット）ではなく、思考を整理し、自分なりの正解を考え出すため（アウトプット）の武器である」**。これが、本書を貫くコンセプトです。〝武器としてのノート術〟を獲得することは、混迷する時代を生き抜く必須スキルとなります。

**ノートは、記録用ではなく、自分なりの正解を見出すための「思考の整理用」と位置づける**

# 2 なぜノートを書けば、脳内が整理されるのか？

頭がいい人、スキルが高い人ほど、頭の中だけで物事を考えているように見受けられます。しかし、どれだけ優秀な方であっても、**先が見えない複雑化した時代に、適切なアウトプットを脳内だけで見出すことは容易ではありません。**なぜなら、脳内は目に見えないからです。

人は目に見えないものに対しては必要以上に恐怖を覚え、ときには悲観的になることが多いようです。特に問題やトラブルが発生したときなど、その傾向は顕著です。

だから、ノートに書き出し、落ち着いた気持ちで適切なアウトプットを心がけます。

このことを「ブレインダンピング」と言います。

ブレインダンピングは直訳すると「brain（脳）の中をdump（捨てる）」という意味です。つまり、脳内の情報を外に出すことで整理しやすくするのです。

ノートを使ったブレインダンピングで、脳内整理が有効とされる理由は3つあります。**「①マインドフルネス」「②見える化」「③客観視」**です。

### ① マインドフルネス

近年、米国ではグーグルをはじめ、フェイスブックやマッキンゼーといった企業がマインドフルネス（今この瞬間に集中する技術）を研修に取り入れ、日本でも話題になってきました。

その中の1つに、**ジャーナリング**（書く瞑想）という考え方があります。頭の中にあることを紙に書き出すこと（ブレインダンピング）で集中力を高め、自分や物事を客観視し、そこから新たな気づきを得ます。忙しいビジネスパーソンでも**「書くだけ」でストレスを軽減し、前向きな思考に切り替えることができるので有効です。**

あるお笑い芸人さんのお話です。

「何者かになりたい」と漠然と夢を持っていたものの、人気が出ることなく低迷していた時期がありました。一緒にお笑いスターを志していた同期は、どんどんテレビに出演し有名になっていきます。

そんなとき、「自分は芸人には向いてないのではないか？」「アイツを見返すためにはどうすればいいのか？」「うわー！　嫉妬するー！」このような負の感情があふれ出てくるので、その気持ちをノートに書き留めイライラの感情を静めていきました。ノートに思いを書き込んだら、それで悩むのは終了。すぐに、それを解消するためにはどういう努力が必要なのかを考えたそうです。

そうやって勝利のための公式を作っていくと、「ただのストレスを、自分ががんばるための燃料に変えることができた」と売れっ子になった今、振り返られています。

**ノートを使ったブレインダンピングは、書き出すことで頭を空っぽにし、脳内をスッキリさせる効果もあります。**

### ②見える化

頭の中は目に見えないために、考えごとをしているうちに堂々巡りしてしまいます。

頭のゴチャゴチャやモヤモヤが起きているときは霧の中をさまよっているのと同じで、頭の中が視界不良の状態になっています。頭の中にさまざまな想いやアイデアが浮かんでは消え、同じ言葉が繰り返され、「あ〜でもない、こ〜でもない」のつぶやきが頭を取り巻き、悩みという霧の面積は増すばかりです。普段の物事がよく見えてる状況であれば整理できるものも、脳内の霧の面積が増してくると、整理ができなくなってしまいます。

例えば、目の前にセーターとTシャツがあったとします。「冬服用と夏服用のひきだしに仕分けをしてください」と言われたら簡単にできますよね？　カフェでお茶をしたあと、ゴミ捨ては紙類とプラスチックに仕分けするようになっていれば、やはり簡単にできますよね？　これは目に見えている状況だからです。

このように、目に見えていると整理がしやすいのなら、目に見えない脳内をノートで「見える化」すればいいのです。

いったん書き出すだけで、**何が懸案事項だったのか、自分がどんなアイデアを持っているのかなどが浮き彫りになり、〝脳内解像度〟が上がって整理がしやすくなります。**

他人のノートを覗けばその人の頭の中身がわかってしまうほど、**ノートは第2の脳として機能します。**

### ③ 客観視

ノートに書き出し、脳内の解像度を上げることは、**自分が客観的になるためのスイッチとなります。**自分の頭の中にあるだけだと主観的な状態なので、冷静にはなれません。自分自身のことは、固定観念や経験が邪魔をしてバイアスがかかります。そのため、新たな視点から物事を見るための視野が狭くなってしまうのです。常に「灯台下暗し」です。

ところが、いったん頭の外に出して文字を見ると、〝他人の文字を見ているのと同じ〟と、脳が錯覚を起こします。自分のことは客観視できなくても、他人のことなら課題がよく見え、解決方法について的確に指摘できることがありますよね。まさにあの感覚です。

ノートに書き出すと、他人にアドバイスをする際の客観的な脳にスイッチを切り替えることになります。

大切なのは、**キレイにノートをまとめなくてもいい**ということです。

キレイな字で、キレイに文章がまとまっていなくても構いません。まず書き出した内容を眺め、例えば友達の視点に立って「これを整理するならどうアドバイスするだろうか？」と考えてみてください。**友達のノートを添削する感覚**に切り替えれば、客観視して整理がつきやすくなるというわけです。

**ノートは、「①マインドフルネス」「②見える化」「③客観視」の点で脳内整理に有効である**

# 3 結局、ノートとスマホではどちらがいいか

「ノートに書くといいのはわかるけど、面倒なんだよね。スマホでメモするのはダメなの？」

この質問はこれまでごまんと受けてきました。「スマホがいいか、ノートがいいか」という神学論争です。

私の答えはハッキリしています。**「思考するにはノートがいい」**です。

厳密に言うと、目的に応じて使い分ければいいのです。

私は**商談の記録など、情報の「ストック目的（蓄積や共有）」の場合、スマホやPCを中心に使います。**デジタル情報の場合、あとでコピペなどをしながら資料作成ができますし、検索性にも優れているからです。

一方、**思考を整理するときや、整理して正解を考え出す「フロー目的（そのときど**

**きでベストなアウトプットをするだけ)」の場合、ノートへの手書きを重視します。**

スピーディーに図解で整理ができ、手で書くことで脳が刺激されて発想が豊かになるからです。

ノルウェー科学技術大学（NTNU）の研究チームの実験によると、20代の若者を対象に脳の電気的活動を追跡したところ、「キーボードのタイピング」より「手書き」のほうが脳活動が活発であったそうです。(『Frontiers in Psychology』2020年7月)。

また、東北大学加齢医学研究所所長の川島隆太さんによると、手書き作業は思考や創造性を担う脳の前頭前野を活性化

| | 推奨目的 | メリット | デメリット |
|---|---|---|---|
| ノート | (フロー)<br>その場対応<br>◆思考、発想<br>◆頭と心の整理 | ・脳が刺激される<br>・自由度が高い<br>・Wi-Fiが不要 | ・書くのが面倒<br>・修正に手間がかかる<br>・コピペや検索ができない |
| スマホ・PC | (ストック)<br>蓄積<br>◆記録<br>◆情報共有 | ・修正がしやすい<br>・コピペがしやすい<br>・検索性に優れる | ・脳が刺激されにくい<br>・書く自由度が低い<br>・集中できない |

させてくれるそうです。文章を書くときの脳活動計測では、手書きで手紙を書くと前頭前野はたくさん働くのに、パソコンや携帯電話で手紙を書かせても前頭前野はまったく働かないという実験結果がでたとのことです（東洋経済オンライン『スマホが脳の発達に与える無視できない影響』２０１８年5月）。

では、スマホの使用はダメなのかといえば、そんなことはありません。頭の中を見える化するという目的は少なくとも果たせますので、電車内など手書きがしづらい場合は、スマホへの入力でも効果はあります。

ノートとスマホは、いずれもメリットやデメリットがありますので、目的に応じて使い分けましょう。

## スマホ・ＰＣは「記録・共有用」に、ノートは「思考の整理・発想用」に使い分ける

# 4 ノートを使って得られる効用

私のクライアントにはＩＴ系企業も多く存在します。

ＩＴ系企業とおつき合いしはじめた当初は、面食らうことがたびたびありました。会議になると、しきりにノートをとる人が多かったからです。特に社内でも指折りの成果を出している方や、頭がいいと前評判を聞いていた方は、例外なくノートをとっていました。ＩＴ企業だから作業は完全にペーパーレスで進めると思ったのに、驚くべきことです。

ノートをよくとる方々に話を聞いてわかったことがあります。

それは、**ＰＣやスマホなどのデジタルツールより、ノートをとるほうが「スピーディーに情報の整理ができ、思考も深めやすい」**ということです。

単純に文字を整理するだけであれば、デジタルツールに勝るものはありません。しかし、**仕事で大切なことは文字の整理ではなく、「情報を整理し、次の行動につなげるための思考を深めること」**です。

また、**情報の整理で大切なことは、どこが重要ポイントなのかメリハリをつけることです。**ノートに手書きしておけば、感覚のまま書き込まれた線引きや図解、はたまた筆跡、筆圧１つで重要ポイントが一目瞭然であり、全体像から一気に整理しやすくなるのです。

私自身このことを痛感するできごとがありました。

20代半ばのある日のこと、重要な商談前に気合を入れてパワーポイントで資料を作成して顧客向けのプレゼンに挑みました。ところが、自分で作った資料なのに、口からスムーズに内容がでてきません。「あれだけ時間をかけたのに……」。プレゼン中に額から冷たい汗が流れてきた感覚を昨日のことのように覚えています。

ＰＣで作った平坦なデジタル文字が、頭に入っていなかったのです。それ以来、いきなりＰＣに向かわず、ノートに重要ポイントを手書きで整理してからまとめ、最後に清書としてＰＣを使う方式に変えました。そこからは、顧客にも内容の重要ポイントが伝わりやすくなり、商談では連戦連勝がはじまったのです。

この書籍を作る際も同じです。いきなりワードを開いて原稿を書きはじめるなんてことはしません。まずは、ノートに自分が書きたい内容のポイントを書き出します。次に優先順位をつけるために、赤ペンで図示したり、◎や★印でマーキングして構成を考えていきました。

本書内にいくつか図が登場しますが、必ず先に手書きでノートにイメージを書いています。そこにメモ書きを加えながら、図や文章そのものに深みを作っていく方法をとっているのです。ＰＣで清書するのはあくまでも最後です。

はじめからＰＣの図形ツールを使って書くのはやや面倒で、逆に時間がかかってしまいます。パワーポイントであれば、「挿入」メニューをクリック→「図形」メニューをクリック→「図形の種類」を選択してクリック→ドラッグによって描くという作業が発生します。しかし、手書きであれば、いきなり書きはじめることが可能です。

また、**ＰＣの場合、操作しているうちにキレイに書くことが目的化してしまって、**

**思考が停滞します。キレイに図や文章ができると、脳内が完成したという錯覚に陥り、思考が止まってしまうのです。**

「スピーディーに情報の整理ができ、思考も深めやすい」というノートを使うことの効用は、冒頭に挙げた成果を上げる社員の会議でも、私の商談や執筆でも同じことなのです。

## ノートを使うと生産性が上がり思考もしやすくなる

# 5 あの人もノートによって人生を切り拓いた

ここまでノートをとる意義やメリットについてお話ししてきました。「理屈はわかるけど本当に成果は出るの？」と思っている方もいるかもしれません。

私自身、ノートを使いこなしていない時代は、ノートの効用に半信半疑でした。

そこで、ここではノートをとることでどのような偉大な成果を生み出してきたのかを、先人から学びたいと思います。ノートをどのように使用したかで、偉人を**「①発想系」「②目標達成系」「③癒し系」**の3タイプに大きく分けました

ノートを活かした**「①発想系」**の先人といえば、**レオナルド・ダ・ヴィンチ、エジソン、アインシュタイン**など天才型の方々です。
彼らに共通することは、メモ魔だったということです。数十年間ノートをとり続け、生涯のうちに数千冊以上のノートを残されました。また、出かけるとき、寝る前、

セーリングをしているときでさえ、ノートやメモを肌身離さず持ち歩いたと言います。ノートに書かれた内容は仕事につながるひらめきだけでなく、お金のことやジョークのネタまで多岐にわたっていたようです。

自ら手書きで書いたノートの情報は一見雑多なように見えて、実は頭の中で熟成されたからこそ、世界を前進させる発想につながっていったのでしょう。

偉業を成し遂げた天才たちも、ただ才能があったというのではなく、発想源を尋常ではないほどノートに書きとめていくといった執念のような努力によって、支えられていたのです。

次に**「②目標達成系」**ですが、これは目標とその達成手段をノートに整理しながら、自分の夢や目標を実現していくタイプです。目標達成の過程で問題が起きれば、原因と解決策まで掘り下げ、ノート内で問題解決を図る人もいます。

目標達成系で私自身が参考にしているのは、アスリートの方が多いですが、野球界ではヤクルト・阪神などで監督を務めた**野村克也**さんです。後にデータを駆使した戦い方は「ＩＤ野球」と呼ばれるようになりましたが、その原点は若い頃より学びを整理していたノートにありました。人の話を聞き、読書をし、その内容をすべてメモしていったそうです。

野村監督のノートの特徴は、単に情報を書くだけではなく、自分なりの解釈も書き加えていったところです。それにより理解と思考を深め、独自の戦い方を体系化していったのです。

また、寝ているときも、テレビを観ているときも、気がついたことをすぐに書き留められるよう、必ず近くにメモ帳と鉛筆を用意していたとも言われています。

このノートの習慣を選手にも行うように指導したそうで、愛弟子たちは野村監督のアドバイスを書き留めていきました。これらは〝野村ノート〟として、現在も人材育成につながっています。

最後に、**「③癒し系」**で驚きのエピソードをご紹介したいと思います。癒し系とは書く行為を通じて自分自身を癒し、救うことに成功したタイプです。

1800年代に活躍した世界の鉄鋼王**アンドリュー・カーネギー**のお話です。同氏は世界史上2位の億万長者（1位はロックフェラー）。それほどの億万長者になっても悩みは尽きないようで、仕事や家庭で問題が幾重にもなり、それらを同時並行で対処するカーネギーは心を病んでしまいました。そして、ついにもう耐えられない、自殺だ！　と自室にピストルを持って引きこもったそうです。

ところが、死ぬ前に遺書くらいは書いておこうと思い、便箋とペンを取り出し、悩みを書き出していったところ……。１０００個以上あると思いこんでいた悩みは、70個だけだったそうです（凡人には70個でもすでに多すぎですが）。

「あれ？　たった70個？　俺はこんなことで悩んでいたのか……」、そう考えたカーネギーは、明日対処できること、来週対処してもいいこと、すでに解決できないことなどを、カードのように便箋をちぎって仕分けしていきました。最後に、「解決できないこと」の問題は頭の中から捨てて、直近でできそうなことに的を絞ったと言います。

その後、完全に自意識を取り戻したカーネギーは、なんと書き殴っていた遺書のようなメモと用意していたピストルを机の引き出しにしまい、奥さんと夕食にでかけていったそうです。

このように、偉人たちの背景にはノートがあり、ノートによって人生を切り拓き、ノートによって救われた人がいたからこそ、人類が前進してきたことに気づきます。

**偉人たちの偉業を成し遂げた土台には、ノートの活用がある**

# 第 2 章

# 脳内を整理するノートの作法

# 1 脳内整理に適したノート選びとは？

「脳内整理をする上でおすすめのノートはありますか？」という質問をよく受けます。

結論から言うと、**「ノートは感覚で選ぶこと」**です。メーカーやブランドにこだわる必要はありません。自分が一目ぼれしたもの、使っていて気持ちがいいものなど、「これ！」と感じたものを選ぶことをおすすめします。

この本も、どんな内容なのかを吟味する前に、おそらく「おもしろそう！」という直感で手に取っていただいたのではないでしょうか？　その感覚をノート選びにも活かしてください。

もちろん、「仕事ができる人はこのノートを使っている」という都市伝説を聞いても無視しましょう。自分が気に入ったノートが一番長続きしますから。

あえてノート選びのポイントをアドバイスするなら、３つです。**「①見た目」「②罫線」「③サイズ」**です。

ノートは書き心地や使い方こそ大切という思い込みは捨ててもいいです。もちろん機能性は大切ですが、感覚的に見た目が「超すてき！　超かっこいい！」と思えるものをまずは重視しましょう。人の第一印象と同じく、**「ノートも見た目が９割」**です。

自身のモチベーションを上げてくれることにも一役買ってくれるでしょう。使い勝手がいいだけの事務的なノートではなく、ちょっと使いにくそうだけど黄色のカバーはどこかテンションを上げてくれる！　となれば、迷わず黄色を選べばいいのです。

私の知人には、逆にシンプルなノートを買ってデコレーションを楽しむ方がいます。また、ノートカバーをクロコダイル生地でオーダーメードしたツワモノまでいます。

もしあなたが、カフェでノートを開いたときに、優越感を得て周りの視線を浴びている感覚があれば、それが**「運命のノート」**になります。

いろいろと試しながら、自分ならではのお気に入りノートとの〝出会い〟も楽しみましょう。

次に、**「②罫線」**ですが、思考の整理目的の場合、普通の**「ヨコ直線だけよりタテヨコ線の方眼式」**をオススメします。

「方眼式」とは、縦と横に細かい罫線が引かれ、方眼のマス目調になっているものです。

単なる罫線だとキレイな文章を書かなければいけないという心理が働き、完全に脳内が整理されるまで手が止まってしまいます。頭の中でキレイに整理できないと書き出すのをためらってしまうので、見える化できないまま終わるリスクがあります。

では、真っ白で罫線もない無地のノートの場合はどうなのか。

私の場合、どこから書けばいいのか迷ってしまい、そこで脳が消耗してしまう気がするのです。さらに、真っ白で無地のところに文字を書き出すという行為は、こん

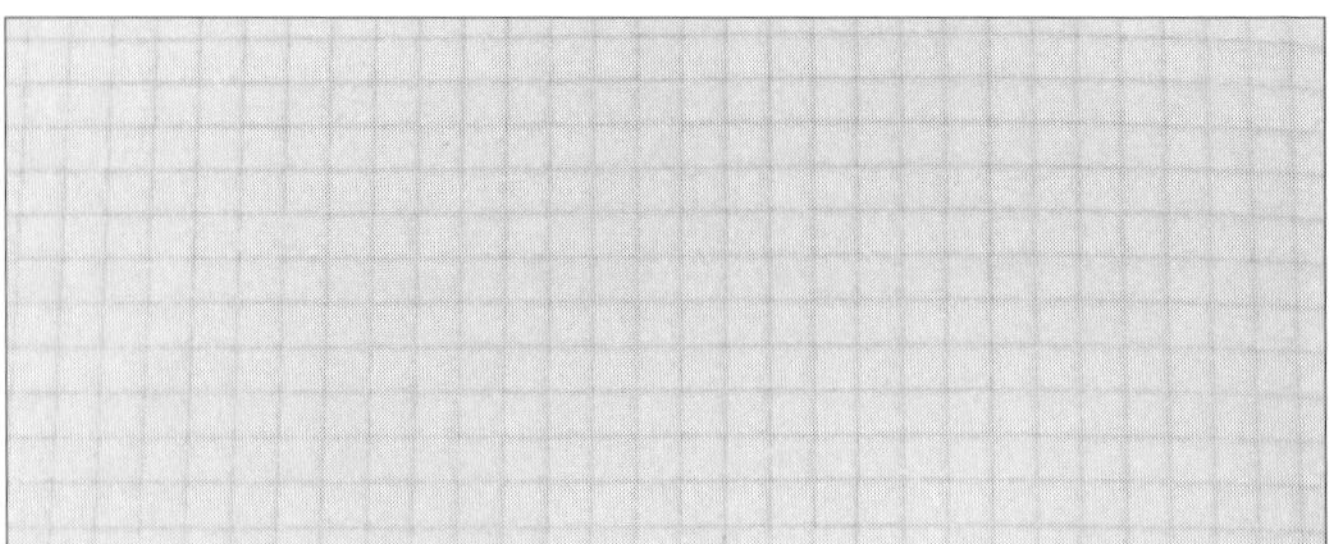

方眼式のノート

なキレイな紙をいきなり汚してしまっていいのかな？　などと、気が小さい私は微妙に緊張してしまうのです。

方眼式だと、文字を書くときに縦横のマス目にそってキレイに端を揃えられます。また、一方向の罫線のように行間にとらわれずに書ける自由度があるため、図でメモをとることも容易です。

罫線ノートが持つ規則性（整理のしやすさ）と無地ノートが持つ自由度（枠をはみ出してもおかしくなく、大きさなども無視できる気持ちよさ）の観点から、複雑な情報を整理する際も方眼式がベストなのです。

最後に**「③サイズ」**ですが、小さすぎず、大きすぎずを心がけましょう。**「B5」**を基準に考えます。

「ノートの大きさが思考の広さを決める」と言われることがあります。発想を豊かにする目的だけであれば、A3など少しでも書くスペースが大きいほうがいいでしょう。人の脳は、余白やスペースがあるとそこを埋めたくなる習性があるため、アイデアが出やすくなるからです。

ただ、本書で重視しているのはアイデアを出すための発想ノートではなく、情報を整理して自分の考えを深める「思考の整理ノート」です。思考の整理の際は、ノート紙面全体が視界に入りやすく、視線をあちこちと必要以上に動かさなくてすむ一覧性を求めます。

また、A4やA3サイズになるとスマホ時代には、持ち運びにかさばります。さらに机の上にノートを広げる前に、机の上を片づけなければ落ち着いて書けないという人もいるでしょう。

従って、大きすぎず小さすぎず、**「持ち運びや机での広げやすさ、一覧性」を加味して「B5」を基準に考えるのです。**

**ノート選びは、機能面より感覚を重視する**

# 2 ペンは4色ボールペンと万年筆を使い分ける

ノートに次いで、ペン選びも大切にしたいところです。こちらは持った感覚や書き心地も大切なのですが、「目的」に応じて使い分けます。普段の思考の整理には「ボールペン」を、特に重要なことには「万年筆」を使うといった具合です。

**普段使いの「ボールペン」は、PILOT社製の「フリクションボール4」という4色ボールペン（黒以外に3色）をおすすめします。**ボールペンにもかかわらず、自由に消すこともできますし、硬すぎず柔らかすぎずのバランスに優れているからです。

また、４色を１本で使い分けられることが特徴です。普段の書き込みは黒色で、あとは内容によって赤・青・緑色で印や線を引くなどしながら全体を整理していきます。

私はテーマを決めずに頭がごちゃごちゃしてきた際は、いったんノートに書き出し、「赤：ネガティブなこと、青：ポジティブなこと、緑：構想、夢、目標の類」で分類し、次の一手を見出すために整理していきます。

また、タスクを整理する際も「赤：緊急かつ重要なタスク、青：他人とのアポイント、緑：個人的なタスク」と色分けすることで効率化を図っています。

「色分け＝分類」の目的があるため、思考の整理ノートには黒以外に3色が必須です。

また、例えば進路や岐路に立たされたときなど、人生計画のような**重要なことを整理する際は、「万年筆」を使用することがあります。**

万年筆を使うことが大切なのではなく、自分にとって思い入れがあるかどうか。そのため、必ずしも万年筆である必要はありません。特別なペンを使うことで、「さぁ今から大きなことに立ち向かっていくぞ！」という気持ちのスイッチを入れます。気持ちのスイッチを入れ替えるときに、特別感のあるペンを選ぼうということです。

相対性理論で著名なアインシュタイン博士は、自分の研究室がどんな様子かを尋ねられた際に、質問に答える代わりに「ここが私の

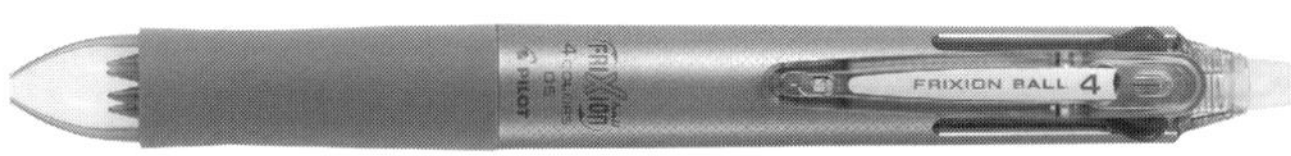


フリクションボール4（ＰＩＬＯＴ社製）

研究室です」と、ポケットから万年筆を取り出して見せたという逸話が残っています。1本のペンが思考を作りだす武器となる証拠と言えるでしょう。

なお、**気分を変えたいときには、鉛筆で書くこともおすすめです。**鉛筆だと濃淡はもちろんのこと、筆圧まで如実にノートに表現されます。これにより、書いた瞬間にどこが自分にとっての重要ポイントなのかがわかりやすくなります。また、筆圧などでそのときの心の状態なども見える化されるため、優先順位づけや意思決定などの際にも有効です。

## ペン選びは、目的によって使い分ける

# 3 すべての情報を1冊にまとめる

本書では、テーマ別にノートの書き方についてご案内していきますが、「ノートは1冊にまとめる」ことをおすすめします。

私はこれまで、ノートの達人とメディアで称される方々の方法を試してきました。多くの方が、テーマ別にノートを分けて、コレクションを楽しむかのように自身のノート術を極められていました。それを見よう見まねでやってみたのですが、どうにも面倒くさいのです。また、情報が散らばってしまい、逆に頭の整理からは遠ざかってしまいました。

さらに言うと、数冊も持ち歩くことは現実的ではありません。「振り返りノート」「仕事の企画ノート」「キャリアプランノート」「学習ノート」……。ノートのコレクションが目的ならいいのですが、シンプルに情報や思考を整理したいという目的には合いません。それ以来、すべてのテーマを1冊に集約して一元管理するようになりました。

「1冊の中に複数のテーマがあると一貫性がなくなり、逆に違和感を持ちませんか?」と言われることもあります。しかし、**1冊の中にすべてのテーマを集約したほうが、「今の自分の状態を丸ごと見える化」することができるため、内省しやすく、次の行動を考える上で気づきも得やすくなります。**

1冊のノートにまとめるからこそ、大切にしたい点があります。それは、**各ページに「タイトル」を書いて、どんなテーマについての記述なのかが、すぐにわかるようにすること**です。そうすることで、1冊のノートを開けば、今どのテーマのページ数が多いか、瞬時に見分けがつきます。それにより、今の自分の関心事や悩み事などが手に取るようにわかるのです。

ノートの一番上には日付を書く人も多いことでしょう。ただ、日記ではないため、日付より優先させたいのは「何について思考するのか」のタイトルです。

仕事の中でもタイトルをつけることはありませんか? 企画書や報告書のタイトル、メールを書くときの件名、パソコンでフォルダ分けやファイルを保存するときの名前。

ノートでも同じことです。

ただ、普段の業務と異なるのは、ノートにタイトルをつける意義です。それは、開いた瞬間にタイトルごとに中身を瞬時に判断できるようにするための「インデックス」としての役割と、「思考を深める」役割。この2つです。

重視したいのは「思考を深めるためのタイトルづけ」です。

報告書やメールの件名は「〜について」と事務的につけがちです。分類がしやすいようにインデックスとしての目的ならこれでいいのですが、思考を整理して考えを作るためのノートなら少し工夫を入れます。その方法は、**タイトルの語尾を疑問形にする**ことです。

例えば、「目標について」とせず、「絶対に今年中に達成したい目標とは？」とします。単に「目標について」というお題に対して考えただけでは、途中で疲れ果てて思考することをやめてしまうこともあるでしょう。ところが、**質問に答える形で思考を張り巡らせると、不思議と自分の脳が無意識のうちに答えを探し求め続けます。**

心理学では、このことを**「ザイガニック効果」**と呼びます。人は未完成のものにひきつけられるため、印象に残りやすいと言われています。自分に質問をぶつけた瞬間から答えが出るまで脳は活性化され、思考が深まるというわけです。

思考を整理するノートでは、単にインデックスとしてのタイトルではなく、自分に対する「問い」をタイトルにしてみましょう。自分への質問から思考を整理し、本来の自分を見出していく過程は、「セルフコーチング」と同じ意味となります。

なお、注意点があります。「1タイトル1ページ」を心がけてください。

1つのタイトルで複数ページにわたって書いてしまうと、意識が分散してしまいます。1ページ1タイトルで視界を集中させ、「今から自分は何について整理し、思考を深めるのか」を意識します。1ページ完結でゴールにたどり着くスタンスを持ちましょう。

## ノートは1冊にまとめ、テーマごとにページタイトルを疑問形で書く

# 4

# ノートは書いたら破って捨ててもいい

ここまでノートがいかに大切か、どのようにノートを使えばいいかという話をしてきたのに、いきなり「捨ててもいい」と言われると、混乱したかもしれませんね。驚かせてすみません。でもこれはふざけているのではなく、本当です。私の流儀は、書き終えたら「捨てる」ことに尽きます。**書き終えて目的を果たしたら、そのページを破って捨てます。**

なぜなら、ノートは記録（インプット）することが目的ではなく、あくまでも「思考を整理し、自分の考えを生み出すこと（アウトプット）」が目的だからです。

自分にとって何が大切か、本質を見出すことができれば、それ以外の情報はもはや不要です。感傷にひたる必要もありません。もちろん、整理が終わってないページまで捨てる必要はありませんので、あくまでもスッキリしたかどうかを捨てるタイミングのポイントにしてみてください。

本質的な内容以外をそのまま視界に置いておくと、雑念が入り再び思考がごちゃごちゃになるリスクがあります。そこで、物理的にも不要な情報をノイズとして破り捨ててしまいます。思考の整理が終わり、自分なりの正解が見つかれば、そこで〝お役ごめん〟と感謝して、堂々とシュレッダーへお引越しさせてあげましょう。

そのため、私は**「ページ切り離し用のミシン目がついていること」もノート選びの条件にしている**ほどです。

せっかく書き出したものは「いつか使うかもしれない」「ページを破って捨てるのも、もったいないし……」といって、使うかどうか未知数の情報を溜め込む人もいるでしょう。

しかし、〝いつか使うかも〟の心理で書き留めたものを、実際にこれまでどれだけ使ったことがあるのでしょうか？　記録が目的の場合は、幅広く多くの情報をストックしていくことがたしかに有効です。ですが、ここでは目的が違います。

**ノートに書き出したままにしておくと、思考の中にノイズだけが溜まっていきます。**

何が自分にとって大切か、どの情報を捨てるべきかの取捨選択を繰り返しながら、自分なりの思考を深めていく上でノイズは大敵となります。いつか使うかもしれないから残しておかなければ不安であるという〝将来に保険をかけておく〟ようなスタンスでは、あなたらしい意思決定は難しくなるでしょう。

情報洪水が激しい時代において、取捨選択していく力が最後には必要になります。ノートは記録を目的にした「ストック（蓄積）型」にするのか、その瞬間、その瞬間で自分の思考を深める「フロー（流れ）型」にするのか、目的を再確認しましょう。

ここで、実際の私の一連の方法をご紹介します。

記録やアイデアのストックが目的の場合はPCかスマホを使います。

フローが目的の場合はノートを使用し、思考を整理して自分なりの正解が見出せたら、正解箇所に印を入れてスキャンするか別の資料作成時やSNSの投稿、またプレゼン用として清書版に発展させてアウトプットします。その後、ページをミシン目にそって切り離してシュレッダーにかけます。

このようにノイズを処分することで自分なりに完成度が高い思考だけが残り、シンプル思考が保てるわけです。

もちろん、ノートの見た目は原型をとどめていません。外見はしっかりとしているのに中身がスカスカの〝ピーマン状態〟になっています。

**ノートは目的を果たしたら、1ページごとに捨てていい**

# 5 ノートは分割して使う

ノートに書き出すことの重要性はこれまでもお話ししてきました。頭の中にあるものをいったん書き出しましょうと。しかし、書き出しながらグループ分けして、キレイに整理していくことは、決して簡単ではありません。冬服と夏服をひとまとめに詰め込んで収納すると、あとで整理したり、取り出すのが大変になるのと同じです。

そこで、**ノートの場合、書き出す前に整理用の〝ひきだし〟を先に作っておきます。**

整理用の〝ひきだし〟を作るとは、**ノート上に「補助線」を引いて「分割」する**ことです。

私の仕事部屋には大きな本棚があります。読書家である私はたくさん本を買い込み、本棚に収納していきます。収納の際は、一定の規則性をもって収納していきます。

例えば「仕事術」「自己啓発」「健康」「資産運用」「経済」「ノンフィクション」「小説」

などと、あらかじめ整理するためのカテゴリーを設け、本を買う前から収納スペースを設けています。さらに、各ジャンルも「未読」「読了」とさらに2分割しています。これにより、本をたくさん購入しても整理が面倒だから〝とりあえず積んでおこう〟とならず、買ったらそのまま予め分割された棚に入れていくだけなので、整理に悩むことはありません。

考え方はノートでも同じです。**ノートに補助線を引いて分割することは、「思考の本棚を作る」のと同じ意味になります。**頭の中に情報や考えを詰め込みすぎて〝積読状態〟にならないように気をつ

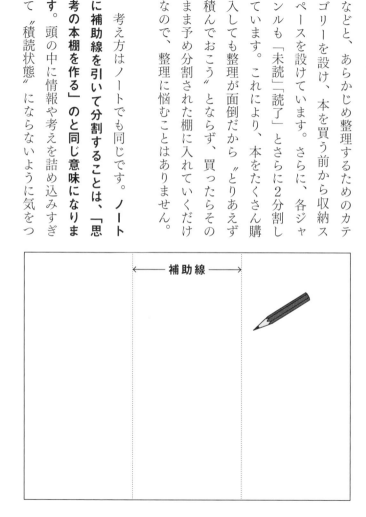

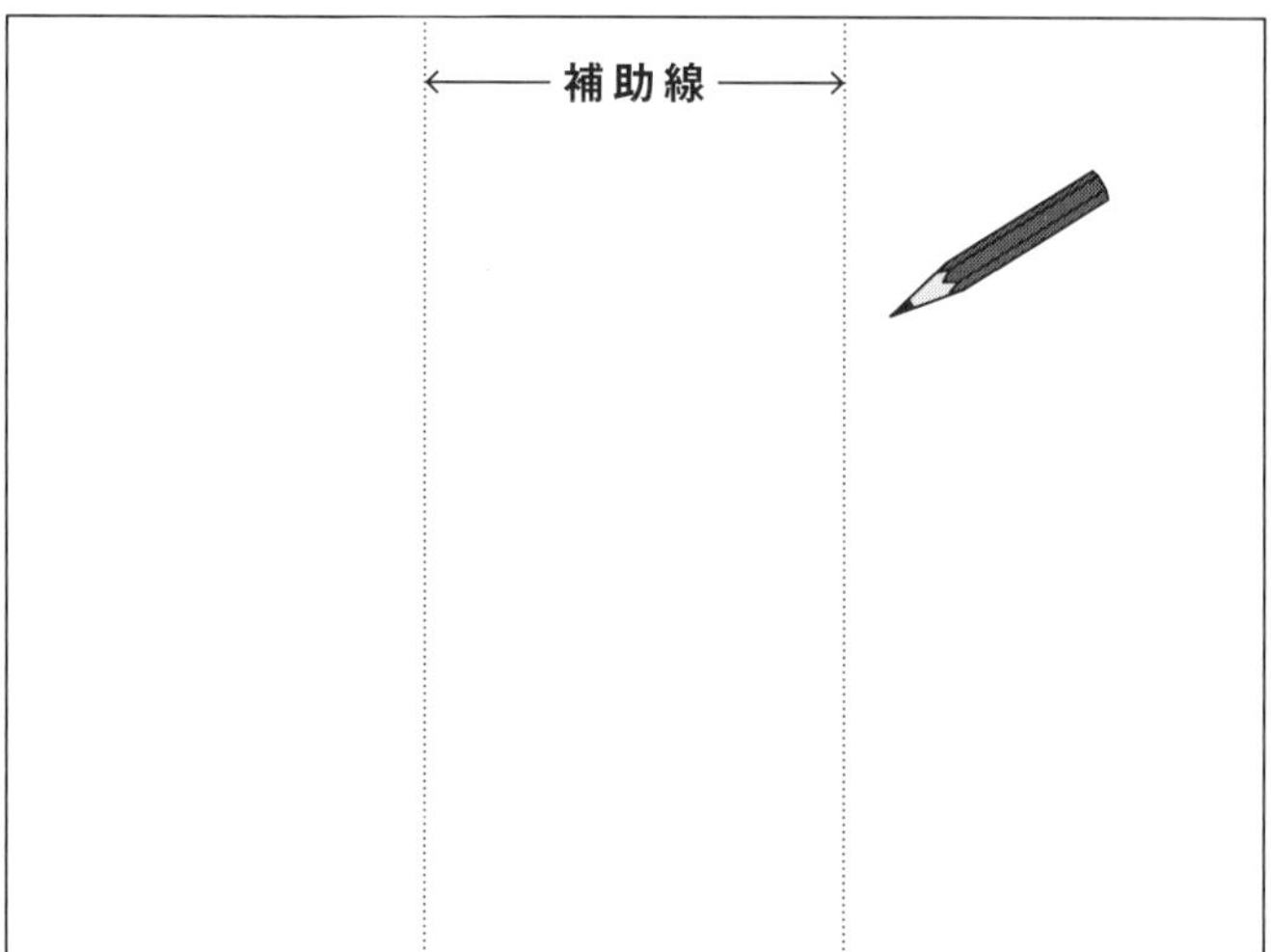

けましょう。

以前、年商100億円弱の急成長中だった住宅関連サービス会社のコンサルティングをしていました。「今後の事業展開をどのようにすべきか？」という議題で幹部会議にアドバイザーとして参加していたのですが、普段から頭の回転が速い40代の社長さんは、参加者とのディスカッションがはじまった途端にノートを取り出し、サクサクと線を引き出します。

隣に座っていた私がのぞき込むと、それは整理用の補助線だったのです。「短期／中期／長期」や「ヒト／モノ／カネ」の3分割パターンと「今できること／できないこと」の2分割で合計3種類のページを作られていました。ディスカッション内容を自分なりに補助線で仕分けされたノートにメモし、書き終えたときには戦略の骨組みができていました。

あとはちぎって、コピーおよびスキャンするだけ。それを参加メンバー間ですぐに共有することで、キレイにパソコンソフトで事業計画書を作成する前に、行動の第一歩目を踏み出しています。

多くの会議現場では、ホワイトボードにディスカッション内容をただ書き込むだけの散らかった文字情報をよく目にします。ところがこの社長さんは、リアルタイムに分割されたノートにメモをしながら会話を進めるため、スピーディーにディスカッション内容が整理され、思考を深めることが可能になっていました。頭の回転の速さとは思考の整理の速さであり、根っこには「ノートの分割」があったというわけです。

ノート選びのポイントは先ほどお話ししましたが、今度は使い方のお話をしていきます。

まず、**ノートを「横置き」にしてください。**縦置きに比べ、分割したスペースが大きくとれるためです。

次に**整理のための「軸」を決めます。**例えば、時間軸で整理するなら「短期／中期・長期」、物事の判断をするなら「メリット／デメリット」などと、自分のテーマに合わせて決めます。

最後に**「補助線」を引いて、書くスペースを分割**したら準備は終了です。あとは、頭にあることをどんどん書き出していきましょう。

ノートを分割することが未経験だったとしても、日常生活ではよく体験しているはずです。ゴミを捨てる際に、あなたの家の近所のゴミ置き場はどのようになっていますか？「だいたいこの辺に捨てて」と看板があると、おそらく適当に山積みになるだけ。あとで分別する清掃の方々は困り果ててしまいます。一方、ゴミ置き場のスペースがはじめから、「燃えるゴミ／不燃ゴミ／ビン／カン／ペットボトル」と分割されていれば、スムーズなゴミの処理も可能になるでしょう。

このように、ノートに補助線を引き、ガイドラインにそって分割されたスペースに書き込んでいけば、知識や情報も散らばることなく整理が可能になり、効率よく思考することにつながります。

**ビル・ゲイツは「複雑な問題が起きたら問題を分割しろ」と言い、フランスの哲学者デカルトは「困難は分割せよ」という名言を残しています。**賢人たちも重視するほど「分割」はノート術でも肝となります。

私は**「問題を仕分けすれば９割解決する」**（残り１割は大量行動）ことをコンセプト

に、分割する思考法を「セパレート思考」として提唱しています（『問題解決のためのセパレート思考』フォレスト出版）。
実際に、どのような軸で分割していけばいいかはテーマによって変わるため、第3章以降で詳しくお話しします。

**分割して整理するスペースを作るのが先、ノートに書き出すのはあと**

# 6 一瞬で整理される3つの視点

ノートを分割して使う際には、**「3分割」することを基準に考えてみましょう。**情報や考えを3つに整理することはノートに限らず、不思議と私たちの身の周りにあふれています。例えば、「松・竹・梅」「過去・現在・未来」「心・技・体」「世界三大○○」「報・連・相」など。

なぜ「3つ」だと整理がしやすいのでしょうか？

言葉づかいとしては、「○○ベスト10」や、「7つの○○」という表現もよく聞きますが、10や7では、一瞬で頭に入らず、やや細かすぎるように思えます。なんとなく3つ程度の情報がちょうどいいし、〝安定感〟をもたらすのでしょう。

実際にミズーリ大学の認知心理学者、ネルソン・コーワンは2001年に、人間の記憶の容量の限界は「3〜5個のチャンク（情報のかたまり）」であると発表しました。

**たくさんの要素が絡んだ複雑な情報や考えを扱うときには、まず「3つ程度」だけに絞って考えるというルールにすることで、ノートも書きやすくなります。**

では、2つに大別して整理するのはダメなのでしょうか?

もちろん、2つで収まりがいいケースもありますが、テーマによっては2つだと情報として少し物足りず視野が狭くなるリスクもあります。

また、仕事のプロセスは「Plan(計画)/Do(実行)/Check(検証)/Action(改善行動)」に分けてみるなど、4つのほうがいいケースもありますので「3」しかダメというわけではありません。

**ノートにどれだけ補助線を引いて何分割すればいいのかわからないという場合は、いったんは「3」で整理することを起点に「±1」で試してみてください。**

実際に、「3」を使って大切なポイントを整理し、世間に自分(自社)のプレゼンスを高めた例は、たくさんあります。

例えば、アップルのスティーブ・ジョブズは、2007年にはじめてiPhoneを世界に発表した際、こう言いました。

「iPodと電話、インターネット通信デバイスの『3つ』を盛り込んだ1つのデバイスとして〝電話を再発明する〟」

また、牛丼の吉野家は企業のコンセプトをこう表現しています。

「うまい・やすい・はやい」

私もプレゼンをする際、説得力を高めるために理由を「3つ」に整理して臨みます。理由が1つだと「ありきたりだな、その理由を使うと思ったよ」と聞き手に思われてしまいます。理由が2つであれば競合も準備してきます。しかし、3つの理由となると準備に苦しむことも多く、差がつくことがあります。聞き手も3つ

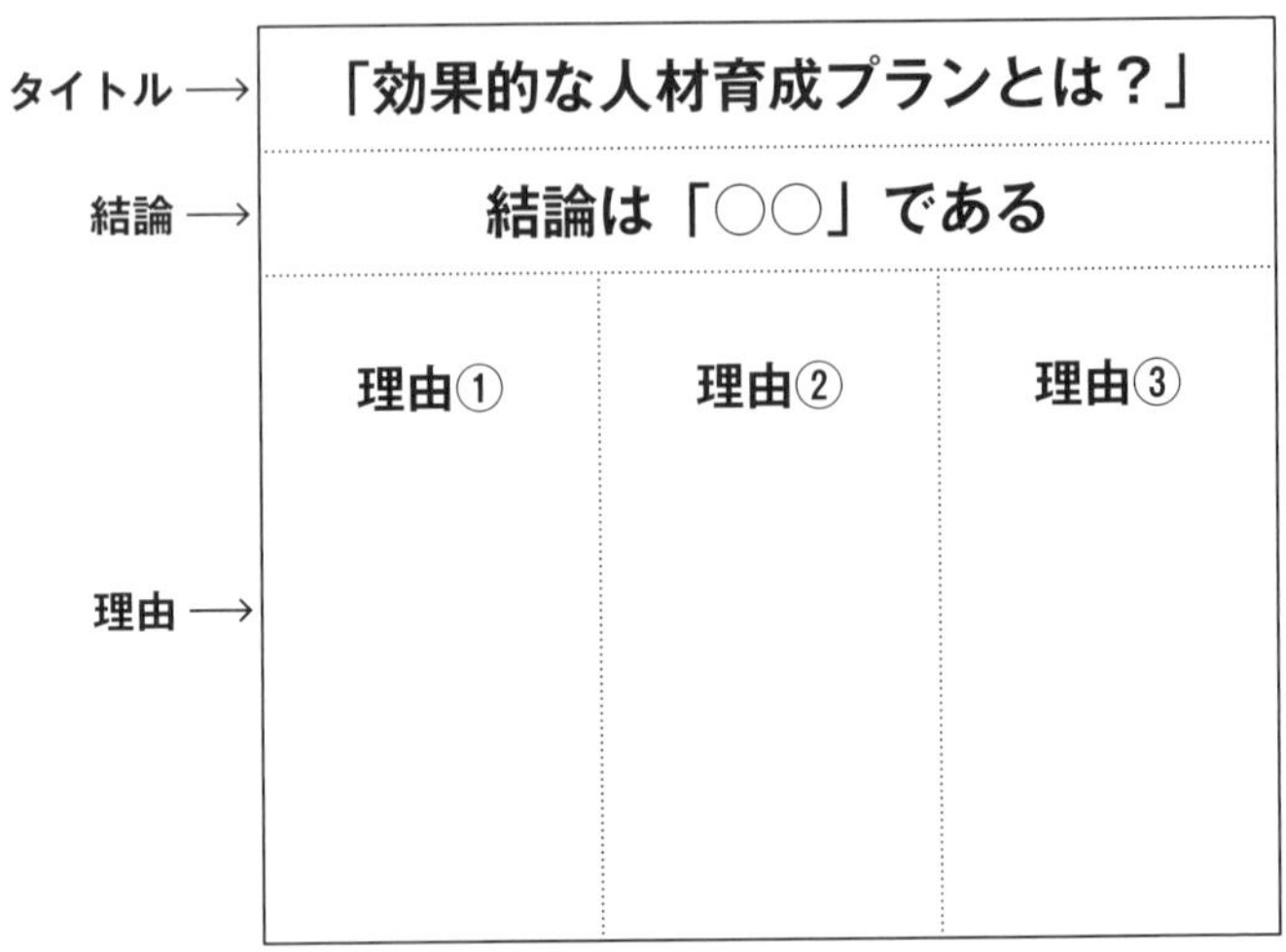

程度の理由なら記憶に残しやすいので、さらに重みが増します。

カメラも三脚で安定感を出し、足をたためばスピーディーに片づけもしやすくなっていることを考えると、「3」は心理的にも物理的にも〝ちょうどいい〟整理用の切り口なのかもしれません。

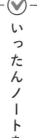

## いったんノートを「3つ」に分割できないかを考える

# 第3章

# キャリアを切り拓く「目標ノート」

# 1

# はじめは考えずに、感じるままに書き殴る

頭の整理が難しい分野の1つに、「キャリア」があります。
自分はどのように社内や転職でキャリアを積んでいこうか？
どのようなビジョンを描いて起業すると悔いのない人生を送れるのだろうか？
きっと皆さんもこのようなことを考えたことがあるでしょう。

**キャリアとは「生き方そのもの」です。**

常にスッキリとキレイな道が描けるとは限りません。複雑で不透明な現代においては、先の見通しが悪くなることもあるでしょう。そこで、ノートの登場です。**自問自答しながら、自分の未来を描くとき、ノートが最適な案内人となってくれます。**

突然ですが、あなたの「将来のキャリアイメージ」は〝解像度〟で言うと、10点満点

で何点くらいですか？　どれくらい将来像が明確になっていますか？
何点だったらよくて、何点だったらダメというわけではありませんが、将来への視界が良好になると、日々、充実感を得やすくなります。**納得できる人生を送るために、ノートに〝本音〟を書き留めて欲しいのです。**

メディアやSNSなどから、煽りの言葉が日々あふれ出しています。「キャリアアップで生き残りを！」「ビジョンは大きく持て！」など。でも、これらを鵜呑みにしてはいけません。キャリアのアップやダウンとは、年収と経歴をベースに世間が勝手につけたレッテルにすぎないのです。ビジョンに大きいも小さいも本来はないはずです。すべては自分サイズが正解です。**世間から飛んでくるノイズに毒されないように、ノートを使って自分と向き合います。**

2000年に25歳で起業した私は、「起業した以上、会社を大きくして上場を目指さなければならない。IT系で上場する同世代の知人も出はじめたし、事務所を構えて、社員もたくさん雇わなければならない……」と、このように「〜ねばならない」

という言葉に捉われてキャリアプランを練っていました。

小さな会社では格好悪い、と脚光を浴びている起業家に嫉妬し、当時の風潮に流され、焦りとストレスにまみれた毎日を送っていたのです。その後、徐々に売上が上がっていったものの、なぜだかまったく充実感を得られません。ちっとも楽しくないのです。当時、世間で語られがちだった空虚なサクセスストーリーやお金をただ追いかけていただけだったからです。

周りの雑音と理屈からはじめたキャリアプランなど、しょせん借り物の人生にすぎません。キャリアを描く際に大切なのは、感覚からはじめることです。

ことビジネスの世界においては「損／得」が重視されがちですが、キャリアを描く際は「快／不快」で捉えないと決して長続きはしません。後にクライアントになる方々を見て100％の確信にいたりました。

緩和ケアの介護を長年務め、数多くの患者を看取った作家ブロニー・ウェアは、著書『死ぬ瞬間の5つの後悔』（新潮社）の中で、「多くの人は死ぬ直前に『自分に正直な人生を生きればよかった』と後悔する」と言っています。

# キャリアは理屈ではなく、感覚を大切にする

世間が作りだした成功を追いかけて理論的にキャリアプラン作成していくのではなく、自分の気持ちに正直な心地よいキャリアプランを描くのです。ノートを使ってキャリアを描く入り口部分で、これを間違えないでください。

今、ノートを開き、今後のキャリアのイメージを書きだすなら、あなたは何を書きますか？　それは、感覚的に〝気持ちいい未来〟ですか？　それとも〝ストレスがかかる未来〟でしょうか？

# 2 やりたいことが見つかる「気づきノート」

キャリアのイメージがまだ明確でないという場合は、ヒントになるような「気づき」を得るためのノートを日記形式でつけます。このノートは日記の役割もあるので、例外的に破って捨てずに取っておきます（54ページ参照）。

日々の仕事を振り返り**「Goodなこと」「Newなこと」「気づき」**を書き込みます。たった3行でもOKです。この3点セット（Good／New／気づき）を書き連ねていくことで、自分に素直に向き合うことができます。

「あ、自分はここに興味があったんだ」「このタスクをしているときが気持ちいい」という気づきは、キャリアの解像度を上げていく上で、大きなヒントになります。

まずは挫折しないように、**「1週間限定」で「気づきノート強化週間」を設定してください**。1週間だけでもたくさんヒントは得られます。ノートに補助線を引いて、「Good」「New」「気づき」の3項目に分割して書き込みます。横置きでも縦置きでもスペース的にはいずれでも構いません。

**「Good」欄には１日を振り返って「仕事面で良かったと感じたこと」を書きます。**

**「New」欄には「新たな挑戦や新たに取り組んだことの感覚」を書きます。**

**この２つの内容から、自分なりに得られるヒントを「気づき」欄に記述します。**

字は自分が読めるレベルであれば、汚くても構いません。また、箇条書きでよく、キレイな文章になっていなくてもいいです。

**問題点や課題点は書かないようにしましょう。**単なる反省ノートになってしま

**「今日の仕事でグッときたポイントとは？」**

| 〈Good〉 | 〈New〉 → | 〈気づき〉 |
| --- | --- | --- |
| ＊＊＊＊＊ | ＊＊＊＊＊ | ＊＊＊＊＊ |
| ＊＊＊＊＊ | ＊＊＊＊＊ | ＊＊＊＊＊ |
| ＊＊＊＊＊ | ＊＊＊＊＊ | ＊＊＊＊＊ |

い、ポジティブなキャリアのヒントになりにくいからです。反省がキャリアのヒントにつながることももちろんありますが、反省点とはいわば弱点でもあります。弱点に向き合うよりも、前向きな自分自身の「意思」や「感覚」に向き合うほうが、〝気持ちいい未来〟へのヒントになります。

「そうはいっても『Good』なことや『New』なことなど毎日起きないよ！」という方もいらっしゃるでしょう。どうしても思いつかないという場合は、ストレスを抱えながら無理して書く必要はありません。1週間単位で3つでも4つでも書き出せたらラッキーくらいの感覚でいましょう。大切なことは、**常に「Good」と「New」にアウトプットする前提で日々過ごす**ことです。すると意識が「Good」と「New」にフォーカスされ、新たな「気づき」を得やすくなります。

表現方法は、**自分がどういう感覚だったのかまで踏み込んで書く**ことをおすすめします。自分に素直になって感覚にアクセスするためには、そのときの心理状態が鍵を握っているからです。

例）「今日は、商談でのプレゼン後、上司に話し方を褒められ超気持ちよかった」

ある日の私は、この経験を次のように書きました。

【Good】「ある大手企業向けの講演が大盛況で、アドレナリンが出た」

【New】「新規顧客から人材教育のコンテンツ作成依頼があり、教育にグッと興味がわいた」

【気づき】「自分の発するメッセージで、受け手側の目の色が変わる瞬間に立ち会いたい」

起業してから8年経った3月頃の記述を今でも鮮明に覚えています。

「社員教育事業や講師業って、口先だけの仕事でいまいちピンとこないな。本当にやりがいあるのかな」。新規事業の立ち上げ支援など、現場レベルで実務に深く携わっていた私は、講師業がどうも好きになれませんでした。

ところが、懐疑的なまま引き受けた仕事を終えた日の夜、ノートに書き込んだ内容は、自分でも驚くべきものでした。人にメッセージを提供することで、受け取った相手が気づきと勇気を得て人生が好転するのであればこれほど尊い仕事はない、教育というテーマはおもしろいかも、と思えたのです。

自分に素直になって、感じたことをそのまま書きました。これが現在の〝天職〟につながるターニングポイントになったのです。口だけではなく文字でも伝えたい。このときの感覚が本書にもつながっているわけですから、「気づきノート」が私のキャリアを切り拓いたといっても過言ではありません。

**ノートに書く作業は、無意識の中に落ちているキャリアのヒントを見える化する効用があります。**

〝おいしい人生〟を送るためにも、人生のレシピを作る作業として、「気づきノート」を楽しみましょう。

**キャリアの方向性は日々の「気づき」の中にヒントがある**

# 3 ○○を「書かねばならない」の思い込みを捨てる

キャリアの展望につながるようなことをノートに書き留める際に注意すべきことは、「○○を書かねばならない」という固定観念に縛られることです。

例えば、各界で実績を上げた人は口々に、メディアなどのインタビューで「目標を明確にし、達成の時期から逆算して毎日過ごしていました」と〝夢に日付を入れる〟ことの効用を語ります。キャリアプランに関するセミナーなどでも同様のことが語られがちです。

しかし、目標を明確にして期限設定を〝しなければならない！〟と強引に決めたところでうまくいくでしょうか。一定割合の人が、自分自身でも半信半疑で違和感を抱えたままになってしまいます。

無理はしなくていいのです。**強引にひねり出した目標設定は、ノートに書き出しても長続きしません。**「気づきノート」はキャリアの手がかりやヒントを得ることが目的です。そのため細かい目標設定まではできなくても構いません。

成果を出している人を見ると、2タイプいます。

**先々まで夢や目標（ゴール）を明確にし、逆算式のスケジュールで今やるべきことを考えて努力するタイプ。**

**先々のスケジュールまでは明確になっていないものの、「今」の取り組み内容に集中しているうちに目標が明確になって展望が開けるタイプ。**

私は前者を**「トップダウン式アプローチ」**、後者を**「ボトムアップ式アプローチ」**と呼んでいます。

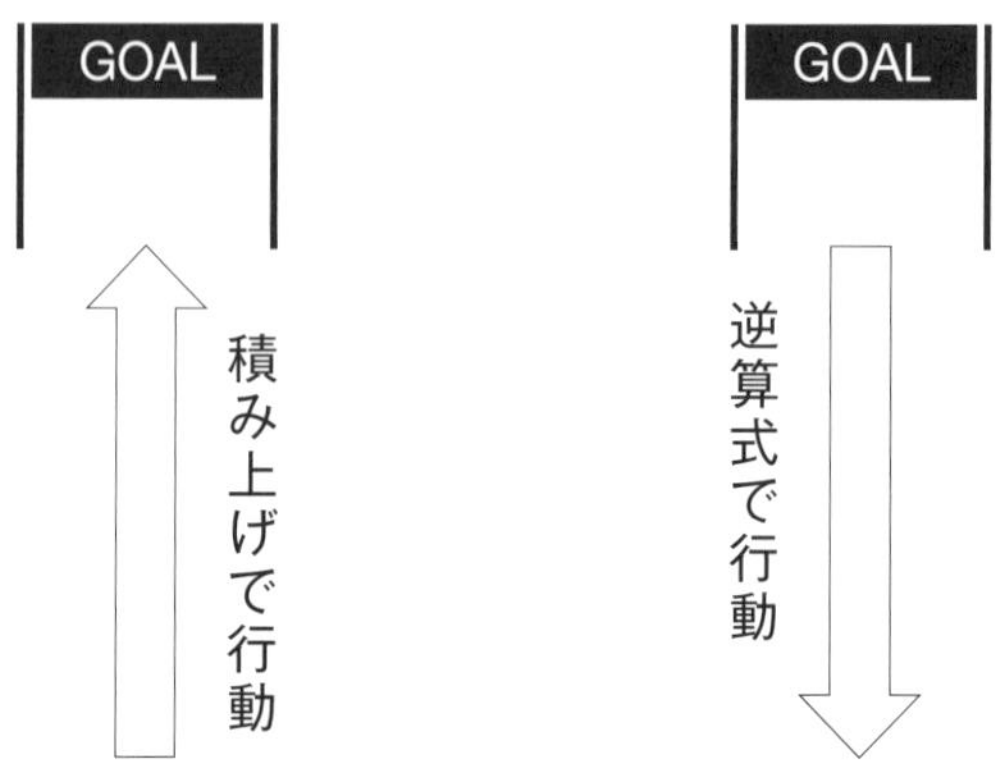


**トップダウン式**
（先にゴールの明確化）

**ボトムアップ式**
（あとでゴールが明確化）

皆が、トップダウン式である必要はないのです。トップダウン式のほうがわかりやすく華々しいストーリーに見えるから、話題にされやすいというだけです。自分のペースと自分に合ったやり方で、ノートは書いてください。

かつて、ある営業職に従事している女性にコーチングをしたときのことです。もともとトップダウン式の信奉者だった私は、キャリアに悩む受講生に対して「先々の目標はなんですか？　いつ頃それは実現したいですか？　逆算すると今は何をすべきでしょうか？」と毎週のように質問を繰り出していきました。すると、女性の表情はどんどん曇っていきました。

そしてこう言われました。

「私、それが明確にできないから行き詰まっているのです……」

実は、受講生の気持ちを引き出す以前に、固定観念に縛られた質問の連発で追い詰めていただけだったのです。

それに気づいた私はボトムアップ式でアプローチすることを心がけると、彼女はスッキリとした表情に変わりました。ノートに書きだす「気づき」の数は１週間で10

個以上に。

それ以来、私はトップダウン式とボトムアップ式のどちらが相手の状況やタイプに合っているかを確認しながら、コーチングを進めるようになりました。「～を書かねばならない」を捨ててもらうことで、転職に成功した方、起業した方、社内昇格した方はたくさんいます。


ちょうど同じタイミングで、100歳を超えた専門家同士の対談番組を観る機会がありました。

ひとりは聖路加国際病院名誉院長で本を出せばベストセラー、講演を行えばいつも満席になるほどだった日野原重明さん。もうひとりは、海外でも活躍された日本美術家で版画家の篠田桃紅さんです。

実にこの2人の将来の展望の価値観が対照的でユニークなのです。日野原さんは「人間いくつになっても5年先、10年先のビジョンを描き、今日どう過ごすかが元気の秘訣である」(対談時はすでに100歳を超えています)と説き、篠田さんは「私は先のことはまったく考えないわ。先々のことは日々の充実感の中で展望が開けてくるから」と応じます。前者はトップダウン式、後者はボトムアップ式とも言えるでしょう。

お2人の価値観は一見すると真逆なのですが、実は共通点があります。いずれも互いの分野で突出した実績を出されていること。また、**アプローチが逆であっても「今」この瞬間を大切にしている**ことです。

これが何を意味するかというと、キャリアの展望を描く際に、どのアプローチが正しいという正解はないということです。ですから、**「〜を書かねばならない」という強迫観念を捨てて、自然体でノートに向き合ってください。**先が見えない時代は、固定観念を捨てて自分と向き合うことが大事なのです。

**ノートに書くときは、世間の声ではなく「自分の心」と向き合う**

# 4

# 自分を知る技術「分析ノート」

「気づきノート」を書いても、先のことをイメージできない袋小路に入ってしまうことがあるかもしれません。そのようなときは、**自分の立ち位置や現況を俯瞰してみます。**

「いったい自分は何者で、どこへ向かっていくのだろうか？」

この問いに答えるために、ヒントになりうる視点を3つに要素分解します。

その3つとは、**「自分視点（自分の素直な感情）」「他人視点」「時代視点」**です。

カフェにこもってじっと自分と向き合う時間を持ってみる。そして自分の頭や心を整理するという人も多いようですが、これだけでは客観視は難しい。他人のことはよく見えても、自分のことは〝灯台下暗し〟になりかねません。

社会に存在する以上、自分視点だけでは本当の自分が見えないばかりか、社会と折

**「自分は何者でどこへ向かっているのか?」**

- 自分視点（本当の気持ちは?）
- 他人視点（第三者視点ではどう?）
- 時代視点（時代の動きは?）

⇩

**「自分は何者でどこへ向かっているのか？」**

| 〈自分視点〉 | 〈他人視点〉 | 〈時代視点〉 |
|---|---|---|
| ＊＊＊＊＊ | ＊＊＊＊＊ | ＊＊＊＊＊ |
| ＊＊＊＊＊ | ＊＊＊＊＊ | ＊＊＊＊＊ |
| ＊＊＊＊＊ | ＊＊＊＊＊ | ＊＊＊＊＊ |

り合いをつけることも難しくなります。そこで、「他人視点」と「時代視点」をはじめに準備し、新たな自分に気づけるようにしておきます。

まず1つ目の**「自分視点」は、先ほどお話しした「気づきノート」に書いてある自分のキャリアやビジネス展開のイメージを感情むき出しに書きます。**「ビジネスを拡大していこうと思ったけど、実はひとりで職人的に極める専門家的な展開のほうが自分には合っている！」など。

注意点は、この箇所が自分の素直な気持ちになっているかどうかです。頭で考えるのではなく、心に浮かんだことをそのままノートに書きます。頭の中に最初に思い浮かんだものが、一番素直な自分の「答え」です。2番目に思い浮かぶことは評論家になっている自分で、1番目の素直な自分を邪魔しにかかります（そんなこと書いてみても、私にはどうせ無理だろう……と）。

そこで、**書く際には「実現性を無視したときに、本当はどうしたい？」と自問自答します**。この言葉を自分にかけることで、世間体、他人の期待、見栄を完全に封印することにもなります。誰かに見せる必要はありませんので、誰の目も気にせずひとりっきりで書ける環境を作ることが、本当の自分の軸と出会える〝成功の鍵〟となります。

2つ目に挙げた**「他人視点」とは、いったん自分視点を捨てて客観視することです。**「他人は自分をどう見ているか？　強みは？　弱みは？　価値は？　自分に合う仕事やビジネスはどうかな？」と。

私がなかなか芽が出ずに食えない時代、こんなことを知人に言われたことがあります。「君がいくらがんばっても、しょせん他人の評価が君の価値だよ」と。20代で尖っていた私は、「他人の評価なんて当てにならないし、他人に左右されるってどうよ？」とイラついていました。

ところが、翌日からこのセリフが頭の中で何度もリピート再生されるのです。即座に思い直しました。「これって、本質かもしれない」。

冷静に考えてみると当たり前なのですが、他人が評価してくれなければ社会では価値を持ちません。自分の内なる声だけでなく、外の声も知らなければ、社会とは折り合いをつけていけないのです。そこから、他人の声を重視するようになりました。

他人から評価をもらうときのポイントは、偏ったタイプの人からだけのフィードバックを受けないことです。仲がいい人、取引先、身内、知人レベルなど4〜5タイプの人からフィードバックを受けたほうが、多面的に自分の掘り下げが可能になります。

私自身、直接（メールやLINEではなく）聴く人数は7人（7人の侍にあやかっています）が目安。例えば1週間という期間を設定して、フィードバックのシャワーを受けます。

最大の注意点は、耳が痛くなる意見も、いったん受け止めてみることです。そして1日以上放ったらかしにして寝かせておきます。そのほうが冷静に受け止めることができるからです。決して、〝へこまず、怒らず、落ち込まず〟です。

3つ目に挙げたのは**「時代視点」**です。特にビジネスパーソンの場合は、時代の波をどう見極めるのか。時代の波を無視してキャリアもビジネスも展望は描けません。

**「今の自分の強みはどのタイミングで開花するのか？　やりたいことは時代の波に照らし合わせてみるとマッチするのかどうか？」**です。

例えば、ビル・ゲイツが今の時代に生まれたとして、あれほどの成功を収めることができたかどうかはわかりません。ＰＣ普及前夜のあの時代だからこそ、大成できたという側面もあるでしょう。

また、よく他人や他社が手掛けた商品がヒットすると、「うちのほうがクオリティは高いのに……」とヒット商品を皮肉る光景を見ることがあります。しかし、仮にクオリティが他より自分のほうが勝っていても、タイミングが合わなければヒットはしません（負け犬の遠吠えです）。時代の要請というタイミングだけが偶然ジャストフィットすれば、万が一クオリティが多少低くてもヒットすることはあります（長続きするかどうかは別ですが）。だからこそ、自分の内なる声、他人の客観評価に加えて時代の流れやタイミングも確認しておくことで、自分の価値も見えやすくなります。

難点は、時代の波の見極めが難しいことです。時代の見極めは、２つのポイントだけを押さえておいてください。**「一過性の波」**と**「底流」**です。

**「一過性の波」とはスポット的に来ている波です。**映画、音楽、芸能人、SNS、ダイエット方法など何が流行っているのかはメディアを通じて確認ができます。

**「底流」とは、一過性に終わらずに時代の流れとして底に流れているベースです。**例えば、AI技術、リモートワーク、仮想通貨などは底流として今後も存在し続けると思われます。

このように時代の波も確認することで、自分が時代に合わせるのか、もしくは時代を創り出すのかの〝判断軸〟も見えてきます。この時代の波の兆しは、徹底的にインプットして感じ取っていきましょう。

## 自分を掘り下げるためにも「他人視点」と「時代視点」を加える

# 5
# 目標は3つの切り口で具現化する「キャリア構築ノート」

ここまでキャリアを切り拓くために「1週間」は「気づきノート」でヒントを見出しましょう、ときには「自分の立ち位置」を俯瞰しましょうとお話ししてきました。

ここでは3つの切り口を使った「キャリア構築ノート」の書き方をお話ししていきます。自分の内面を掘り下げ、俯瞰した上で、キャリアを具体的に方向づけるのです。**「半年に1回」ほどのペースで、「自分はいったい何者でどこへ向かっていくのか」キャリアや事業の方向性を確認するために書いていきます。**


3つの切り口は、**「したいこと」「できること」「喜ばれること」**です。

補助線を縦に2本引いて帯状に3分割するのもいいのですが、3つの切り口がそれぞれ関連してくるため図のように3つの枠を作り、それぞれのスペースに思い浮かぶことを自由に書いていきます。

先ほどのパートで**「したいこと」**に関しては、自分に素直に書き出しましょうとお話ししてきました。

「したいこと」のイメージは、自ら何か新しいテーマを設定しなければならないと考えてしまって手が止まってしまう人が少なからずいます。でも、何か自分なりに新たなテーマを設定することだけが「したいこと」である必要はありません。

「自ら新たなテーマを設定する」のではなく、**「他人のテーマを手伝うことを自分のしたいことに設定する」というやり方もある**のです。

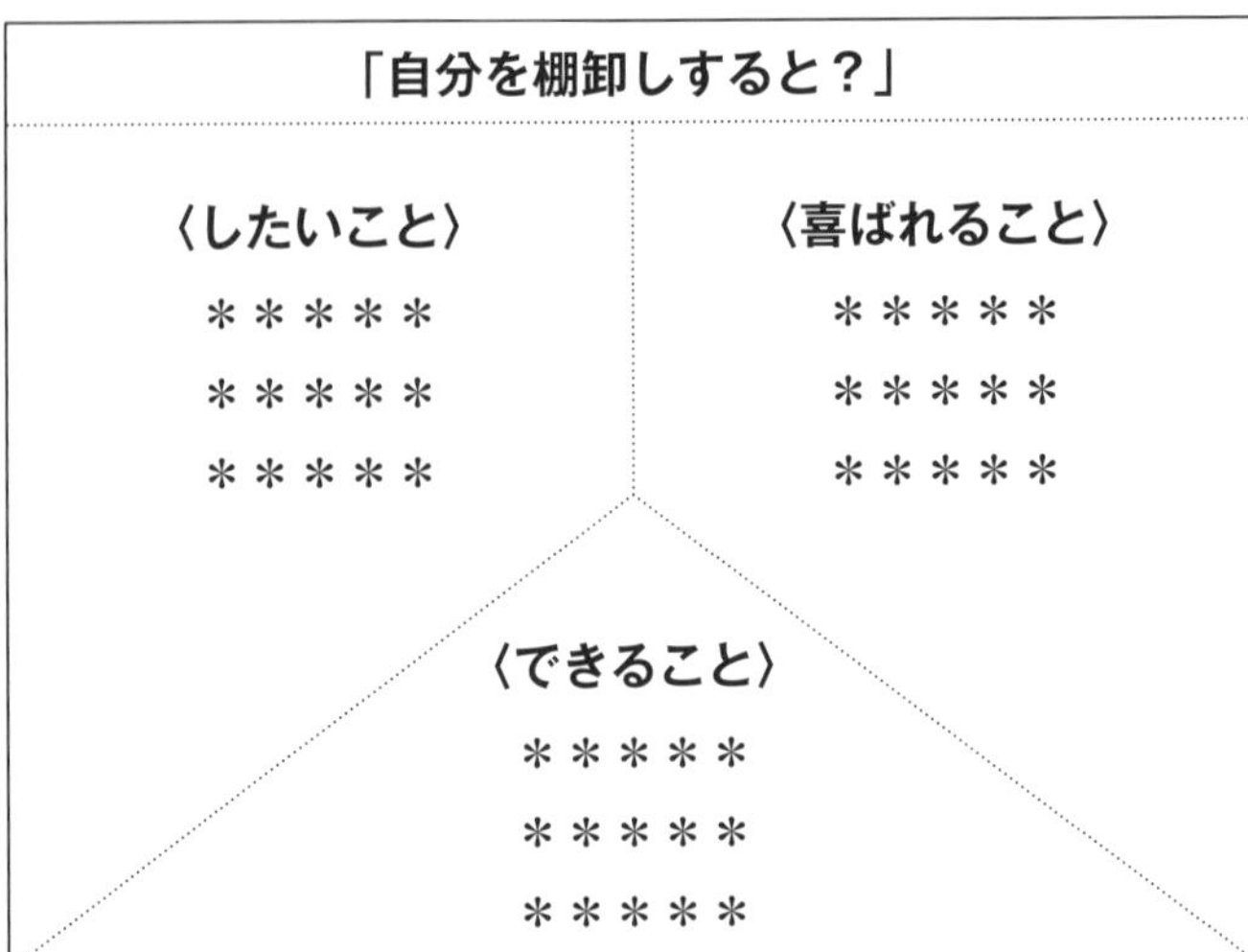

知人に40代後半のフリーランスのデザイナーがいます。フリーランス歴は15年ほどですが、独立して以来、営業活動をしていないにもかかわらず、いっさい仕事が途切れたことがありません。そして年収も２０００万円を下ったことがないというのですから、間違いなく売れっ子です。素晴らしい実績も残されているので、「したいこと」が当初から明確になっていて、しっかりとキャリアプランや事業展開を考えてこられたのだろうなと思っていました。ところが聞いてみると、様子が違うのです。

「私は一切自分がしたいことなんてなかったんです。ただ、人に依頼されることをこなしているうちに気づいたんです。自分が何かをしたいと夢を見るのではなく、他人の夢を叶えることを自分の夢にする人生も楽しいなと」

これには衝撃を受けました。自分で夢を描いて達成していくストーリーしか頭になかった私は、他人の夢を自分の夢にする道もあることに気づいたのです。どちらが正しいということではなく、あくまでも自分はどちらが合うかという選択の問題です。

次に**「できること」**です。「したいこと」は不透明でも「できること」ならいくつか挙げられるのではないでしょうか？　**自分の強みや特性などを書く**スペースです。

他人からの客観的評価や自己評価問わず書き込んでいきます。

「できること」とは、例えば「段取り上手である」や「時間には正確に仕事がデキる」「英語が得意」といった些細なことから他人の評価が高いことまで、そのレベルは問いません。自信をもって書ける内容であれば、市場評価など気にせずに書き出します。

最後に**「人に喜ばれる（た）こと」**です。「したいこと」と「できること」は基本的に自分視点です。自分視点で描くキャリアは、必ずしも社会や他人のニーズとマッチするとは限りません。そこで、**普段相手から喜ばれることや過去に喜んでもらえたことなど書き出します。**

「喜ばれる（た）こと」とは、ニーズがあることですので、「したいこと」や「できること」がマッチすれば、キャリアとして成立する可能性が高くなるわけです。「喜ばれる（た）こと」＝「経済的原動力」に変わる可能性も秘めています。

したいことをできて、自分の強みも発揮できるけど、お金をまったく生むことができなければ、生活はできません。ですから、結果として経済的原動力になるという視点は不可欠です。

3つの切り口から自分の意思や現状を書き込んでいく中で、**キャリアの方向性が浮かび上がってきたら、「30文字前後の簡潔な文章」にします。**こうすることで、自分の中でキャリアのストーリーが少しずつ顕在化していきます。

もちろん、はじめからキレイな文章化をすることは簡単ではありませんが、**定期的にノートに書くことでアップデートしていきます。**

私の場合は、かつて事業展開の

**「自分を棚卸しすると？」**

**〈したいこと〉**

・戦略、計画作成
・アドバイス
・文字で伝える
・教える、人前で話す

**〈喜ばれること〉**

・相談にのる
・人のサポート
・人の後押し
・段取りや計画作成

**〈できること〉**

・文章力
・平易な言葉力
・情報の整理力
・プレゼン力
・分析力

**言葉を通じて人と企業の可能性を引き出す**

方向性に悩んだ際、ただ儲かるかどうかという判断基準は捨てて、ゼロから自分を掘り下げて仕事を見つめ直すことにしました。その際に、ノートに書いた内容が図に示した通りです。

「したいこと」「できること」「喜ばれること」を書き出し、俯瞰して見つめ直すことで、1つの手がかりを得たのです。「自分は、言葉を通じて人や企業の可能性を引き出すことが好きな人間」なんだなという大きな気づきです。これが後のコンサルタントや講師、作家業へとつながっていきました。

あなたが会社員であっても、起業家や主婦であっても、3つの切り口を使えば、ノート上でキャリア（人生の方向性）の輪郭を作っていくことが可能になります。

## 「したいこと」「できること」「喜ばれること」の交点をあぶり出す

# 第4章

# 第一歩目が軽くなる「行動ノート」

# 1

# ノートを使って動けない自分を変える

2020年からのコロナ禍で、私の周りでも在宅ワーク（リモートワーク）をする人が増えました。在宅ワークは監視の目もありませんし、通勤電車に乗らなくてもいいので自由な感覚がします。ただ、自己管理ができていないとすぐにだらけてしまうリスクがあるので、自由と自律のバランスがとっても難しいのです。

通勤時間や移動時間がなくなった分、仕事が早くはじめられると思ってあれこれと予定を山盛りにしてみるものの、ついスマホを覗く時間や休憩時間が長くなり、「今日は眠いなぁ、仮眠を15分だけとろう」と思ったのに結局1時間も寝てしまう。「また明日やればいいいか」と言い訳を作っては、曜日感覚までなくなってしまう始末。あれ、気づけばもう昼過ぎ、気づけば1週間が終わっていた……。

告白しましょう。これはコロナ禍がはじまった直後の私の悪サイクルです。

そんな堕落した私の行動の〝治療薬〟となったのが、実は「ノート」なのです。

私のように**意志が弱いと自覚している人、誘惑に連敗中の人は、すぐさまノートを取り出して行動管理の仕組みを作ってください。**だらけずに行動できる方法を見える化するのです。

行動を目に見える形で「仕組み」にし、「記録」していきます。「何をやるのか？　どう動けばいいのか？　どれくらい進んだか？」など、頭の中にあること、気持ちの中に留めている行動をノートに書き出すだけです。

たとえ普段から自己管理ができている人であっても、行動の方向性や仕事の進捗が見えていなければ、行動の実感が持てずモチベーションが落ちていきます。

**「こんな方向性でこの方法で動けばいい」とわかれば、不安を解消し行動できる**でしょう。そして、**「ここまで進んだ！」と実感できれば、自信となってモチベーションも高まる**ことでしょう。

前者はノートによる**「仕組み化」**、後者は**「記録化」**です。

行動できない人の多くは、自分の意志やモチベーションに頼りすぎています。ビジネスやスポーツの世界で偉業を成し遂げた方のインタビューなどを見ると、皆さんとても高いモチベーションで努力し続けてきたことがわかります。そこから影響を受け、やっぱり仕事で成果を出すためには「高いモチベーションがなければならない」「苦しくてもやりきる強い意志がなければならない」などと感じてしまうかもしれません。もちろん、高いモチベーションと強い意志があれば鬼に金棒でしょう。ですが、一方でそこに頼るだけでは前進することができません。人間はいつも調子がいいときばかりではないからです。

偉業を成し遂げた方は、メンタルコーチや各種サポーターが周りについていることが多い。つまり、モチベーションと意志だけに頼って自分ひとりで行動しても、なかなかうまくいかないのです。でもノートを使えば、**意志に頼らない「仕組み」を作り、行動の進捗を「記録」することで、やる気を維持することができます。**

さらに、**「面倒くさくて行動できない」「不安で行動できない」といった場合も、ノートに書くことで解決できます。**

ノートをスマホやテレビゲームの画面に見立てます。すると「次はこれをやろう」

「今度はこの問題が障害になって前へ進めないな。では、違う方法に切り替えよう」などと、〝敵を倒しながらゴールを目指す〟ロールプレイングゲームをやっているような心理に変換されていきます。

「この敵を倒せば、1面目クリアで、次のステージに進めるぞ！」というような感情のスイッチが入れば、小さな行動も達成感を得やすくなるのではないでしょうか。

自ら目標を設定し、それをクリアしていく喜びは、単なるゲームとしての感覚ではなく、成果を上げたときの喜びにもつながっていきます。

調子の良し悪しを問わず、行動のナビゲートをしてくれるようなコーチをノート上に作ってみましょう。行動方法もやる気の継続も、自分の意志を過信せずにノートで見える化して行うこと、これが鉄則です。

## ノートを自分の行動コーチとして〝雇う〟

# 2 行動をマネジメントする「PDCAノート」

**仕事における「PDCA」は、ノートで管理するのが一番です。**

仕事を行う際に、「PDCA」サイクルを回しましょう。これは、新人研修などで語られがちなキーワードです。**PDCAとは、「Plan（計画）→Do（実行）→Check（検証）→Action（改善行動）」**の仕事をスムーズに動かすためのサイクルのことです。

私はよく、企業向けの研修などで「PDCAって知っていますか？」と質問すると、99％の人が挙手されます。続いて「PDCAは実践できていますか？」と聞くと、今度は5％も手が挙がりません。

ビジネスパーソンにおいて、PDCAほど有名なのにうまく実践できないものも珍しい。

なぜだか、わかりますか？　多くの場合、理屈は知っていても結局、自己流の仕事の回し方が習慣になっているか、なんとなくで仕事をこなしているからです。そこで、PDCAを自分の皮膚感覚で動かすのではなく、ノートで管理していきます。行動の「仕組み」と「記録」をノートに書いていくわけです。これにより、**仕事の現在位置が確認でき、成果につながる行動がとりやすくなります。**

例えば、タクシーに乗って「どこへ行きますか?」と聞かれたとき、「とりあえず急いでいるので、だいたいで走ってください」と伝えても、目的地には到着しませんよね。それと同じで、行動においても自分をナビゲーションしてくれて、ときにはコーチにもなってくれる指針をノートで作ることが肝心なのです。「行動の見える化なくして行動なし」です。

ただ、1つだけ気をつけて欲しいことがあります。**PDCAの前に「Goal(目的・目標)」を明確にしてください。**頭に浮かんでいることをいきなりノートに書き出して Plan(計画や段取り)を行っても、そもそもの Goal からズレていては、いつまで経っても成果が出ません。

先日、あるクライアント企業をご訪問した際に、壁に次のようなフレーズが書かれたポスターがたくさん貼ってありました。

「Gは何か?」

「これ、どういう意味ですか?」と尋ねてみるとクライアント先の社長が言います。

「Goal のGのことですよ。うちの社員は行動力はあるが、Goal を確認せずに動くので、成果が出ない状態が蔓延していました。その状態がここ10年はひどく、コロナ禍前でも業績は3割ほど低下してしまったのです」

それ以来、Goal と行動が不一致を起こさないように、また常に Goal を意識して動けるようにと、社内で「Goal の自問自答」を促す取り組みの一環ではじめたとのことでした。

理解はしているつもりでも、人間はすぐに忘れてしまうもの。これと同じように、ノートに書く際も Goal を必ず明確にするところからはじめます。

**Goal とは、「目的」と「目標」のワンセットです。「目的」とは「何のために行動するのか?」であり、「目標」とは「どのような基準をクリアすべきなのか?」のことです。**大切なことは、**「目標以前に目的を明確にすること」**です。

半年ほど前に、象徴的なできごとがありました。年商が1000億円以上ある食品系の商社に訪問したときのこと。この会社では常に目標について発破がかけられています。「会議は1時間以内に終わらせること」「今期は新規顧客を3社開拓すること」など。

そこで、質問をしてみました。「そもそも会議は何のためにやっているのですか?」「何のために新規顧客を開拓するのですか?」と聞くと、怪訝な顔をしてみな黙りこんでしまいます。

つまり、目標は明確でも、何のためにという目的を考えずに行動していたのです。もし会議が「報告のため」という目的であれば、集まらずに資料をメール配信するという代替え手段のほうがいい場合もあるでしょう。もし新規顧客開拓が「売上を上げるため」であれば、新規ではなく既存顧客のリピート率と客単価を上げたほうがいい場合もあるでしょう。

目的のない目標など、空虚な行動にしかつながりません。有力な手段が見えなくなり、非効率で〝筋が悪い行動〟に陥ることもあります。

だからこそ、はじめのGoal確認、なかでも「目的」の明確化を最重視して欲しいのです。

次に**「目標」を、「SMART（スマート）の法則」にそって明確にしていきます。**

「SMARTの法則」は、1981年にジョージ・T・ドランがManagement Review誌に発表した論文の中で紹介され、目標達成を早める5つの指標として後に広がっていきました。

SMARTは5つの指標の頭文字をとって表現されています。**「Specific」（具体性）、「Measurable」（計量性）、「Achievable」（達成可能性）、「Relevant」（関連性）、「Time-bound」（期限）**です。

つまり、立てた目標は「具体的で誰もがイメージできるレベルか？　数字で表現できるか？　非現実的すぎないか？　目的とズレていないか？　期限が明確か？」の確認を行う中で、目標をクリアにすることが必要というわけです。

単にPDCAサイクルをノートに書きましょうということではなく、行動の前に「Goal」を明確にし、「G－PDCA」を行動の設計図として書き出しましょう。

ノートには、はじめにタイトルを書きます。例えば、「効果的なコスト削減とは？」や「ダイエットに成功するには？」など。

また先ほどお話ししてきた**Goalの「項目名」は、語尾が疑問形になるように書きます。**例えば、「ダイエットは何のためにやるのか？（目的）」や「どのレベルをクリアすべきか？（目標）」などです。その上で、自分なりの考えを書いていきます。

〝G〟が明確になったあとは、やるべきことを「Plan（計画）」の欄にリストアップします。次に、

| | |
|---|---|
| **ダイエットに成功するには？** | 〈どのレベルをクリアすべきか？〉<br>・**体重65kg以下**<br>・**ウェスト76cmのジーンズが入るレベル**<br>・**3カ月後の末日までに** |
| 〈ダイエットは何のためにやるのか？〉<br>**ジーンズをキレイに履きこなし自信を持てるように！** | |

| ○○月第１週目<br>＝<br>〈Plan〉 | 〈Do〉 | 〈Check〉 | 〈Action〉 |
|---|---|---|---|
| ①毎日ジョギング開始<br>②食事の量を減らす<br>③やる気の維持 | ①毎朝6～7時台○○公園の外周を3km走る<br>②・お酒を週5から週1に減らす<br>・摂食で1日3食を2.5食に<br>・間食はゼロにする<br>③・SNSに投稿して「いいね」もらう<br>・ダイエットに成功した人の本を読む | ①は、毎日できず3日坊主<br>4日目から寝坊、短い距離で妥協<br>②と③はできた | ①のみ改善<br>・前日に寝る時間を3分早める<br>・毎日、距離を300mずつ伸ばして少しずつ長距離にする<br>・テンションが上がるようにシューズを新たに買う |

具体的な行動策を「Do（実行）」に、少し時間を空けて「Check（検証）」欄には「できたこと、できなかったこと・できなかった原因」など振り返りをした結果を。最後に、「Action（改善行動）」欄にうまくできなかったことに対する改善策を書き出します。

**ノートは、1日に1枚のペースでも、1作業につき1枚でも自由に活用してください。**1ページの中に、日常でやるべきことをすべて詰め込まなければいけないわけではありません。

G－PDCAは仕事に限らず、ダイエットや英会話の学習など幅広く使えるメソッドです。ぜひ、覚えておきましょう。

**「PDCA」ではなく、「G－PDCA」で行動を見える化する**

# 3 段取り上手になる「TODOノート」

日々、やるべきことが多すぎて、結局すべてが中途半端になってしまった。TODOリストに書かれていることが、いつも未消化のまま毎日が過ぎてしまう。私のクライアント先からもよく出てくる言葉です。Goalは明確なのに、うまく行動計画が立てられず段取りもできないという悩みは尽きないようです。

優先順位のつけ方やスケジュール管理の書籍やセミナーが、今ちまたではあふれかえっています。しかし、これらのノウハウを見たところで、簡単には段取り上手になれないところが悩みの種です。

**段取り上手になるために大切なことは、「やるべきことの仕分け作業」です。**

書き出してみたTODOリストは、本当に今すべてやる必要があるのでしょうか？

本当にその仕事は優先順位が高いのでしょうか？　いったんノートに書き出し、冷静に段取りを見返して欲しいのです。

なぜかというと、人間のモチベーションはTODOリストを書き出し、やるべきことが見える化されたときに、一番高い状態になっているからです。「さぁ、今からがんばるぞ!」という気持ちになっているのではないでしょうか。モチベーションが上がることはいいことですが、心が熱くなって冷静にやるべきことの見極めができなくなることには注意が必要です。

実は本書を執筆している最中に、私は引っ越し作業をしていました。ある引っ越し会社の動きを見ていたのですが、さすがに段取り上手です。力任せに一気に運ぶということはもちろんしません。まず運ぶ荷物をすべてリストアップし、次に机上で「仕分け作業」をしていきます。

例えば「引っ越し前に運ぶものと引っ越し当日に運ぶもの」、引っ越し当日も「先に新居に入れるものとあとで入れるもの」「小さい箱と大きい箱」というように、仕分けをしておきます。これにより、当日かかった時間は2時間を切る手際のよさ。

仕事も同じで、事前に十分な「仕分け」が求められます。**本当に「今」「自分が」「100%」を目指すことは何か？　ノートに書き出し、ふるいにかけていきましょう。**「あれもこれも」とやみくもに手をつけていても、中途半端になってしまいます。力の分散と意識の分散を防ぐためにも、**「今、何に集中すべきなのか」的を絞るのです。**

特に、やるべきことが多くて混乱してきた、一度整理したいという場合に有効です。

ノート上部のタイトルには、「今、本当に取り組むべきことは何か？」と書きます。これにより、冷静にやるべきことを見極める気持ちのスイッチを入れます。

次に、**上段の「TODOリスト」欄に、頭の中にあるやるべきことをすべてリストアップします。**ここまでは通常のTODOリストと同じです。

下段は縦線を2本入れて3分割します。仕分けの基準である**「先延ばし」「たたき台」「お任せ」欄**を作ります。こうすることで、「今」「自分が」「100%」を目指すこと以外を捨てる〝ゴミ置き場〟とします。3つのゴミ置き場ができたら、TODOリストの中より仕分けをして転記していきます。それでも、**TODOリスト欄に残ったものだけが、「今」「自分が」「100%」やらなければいけないことになります。**

最後は、残った項目を赤い丸などで囲み、あとは行動するだけです。

これは、捨てる仕事をあぶりだす作業とも言えます。**「仕事において大切なことは劣後順位の決定である」**とは、経営学の大家、ドラッカー博士の言葉です。優先順位の前に、捨てるべき仕事は何かという劣後順位をつけることが大事というわけです。

優先順位（着手する仕事の順番）＜劣後順位（捨てる仕事の明確化）。

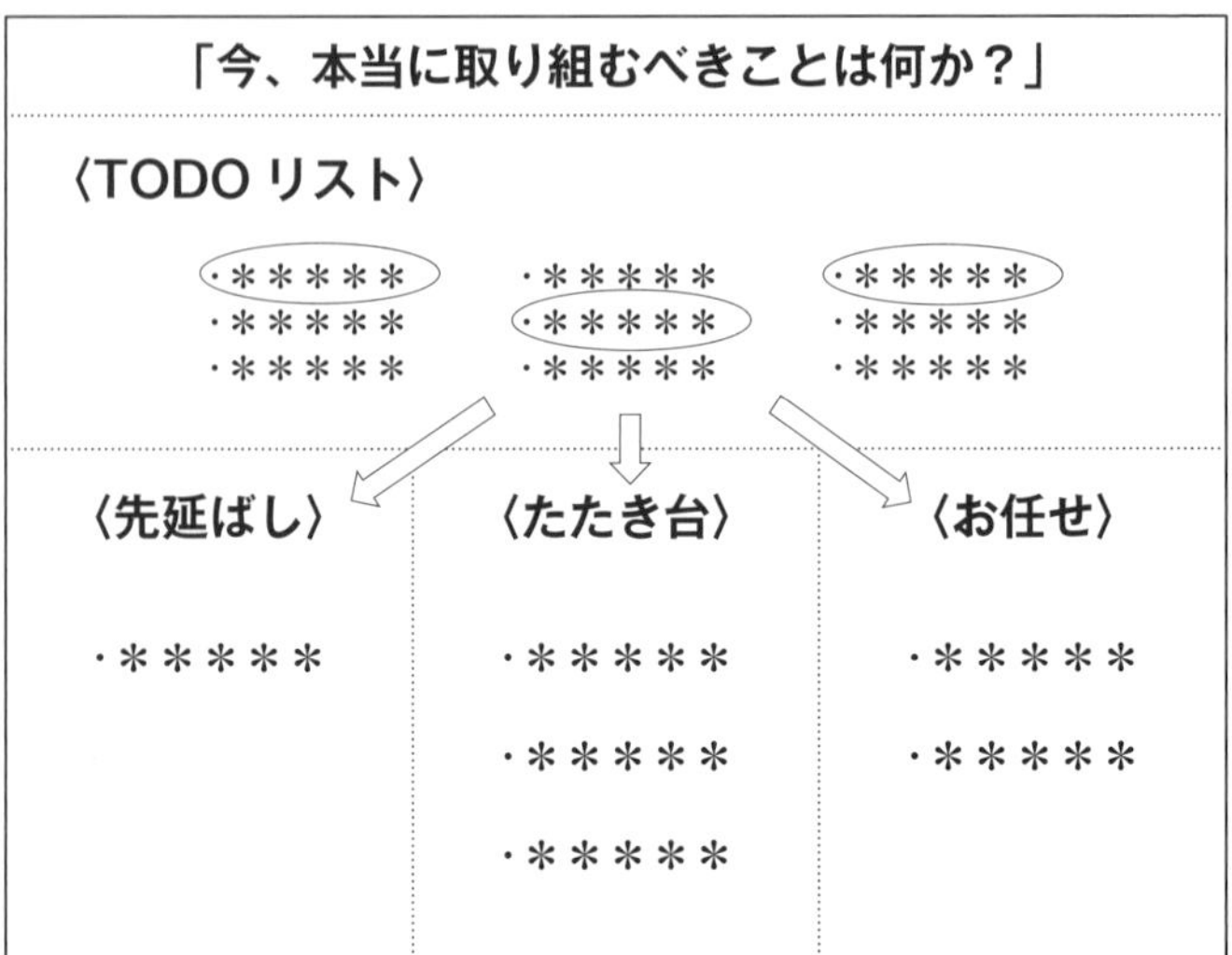


TODOリスト欄にリストアップしたことを３つのスペースに仕分けた上で、TODOリストに残ったもが今やるべきことです。

仕分けの基準である1つ目の**「先延ばし」**という言葉は、意志が弱くて目の前のやるべきことから逃げているイメージに捉えるかもしれません。ですが、ここでは〝前向きな先延ばし〟と捉えます。**「今やりたくない」ではなく、「必ずしも今優先的にやる必要はない」ことをページ上部のTODOリストの中から「転記」します。**

例えば、緊急性も重要性も低い資料の整理などです。また、今すぐやらなくていい（よくなった）仕事で、来月開催予定の会議資料の作成や、日程調整中で相手の返事待ちの業務などです。

2つ目の**「たたき台」の欄には、仕事の精度が当日中にはあまり求められていないことを書きます。**

例えば、マニュアルや企画書の作成など、必ずしも当日中に100％の精度が求められていないことを書き出します。精度が30％だけでいいものは「たたき台」（ラフ案）レベルの作業として扱い、時間をかけすぎないようにすることが大切です。

3つ目の**「お任せ仕事」とは、他人に任せられるか、もしくは他人の協力を得て行う仕事のことです。**自分でなくてもできることに時間を割いても、あなた自身の価値は高まりません。それならば、他の人に任せてしまったり、協力者を探してサポートをもらいながらスピードアップをはかったりしましょう。

もし、途中に予定外の仕事が割り込んできた場合でも、ノートに仕分けのスペースを設けておくことで、本当に今やるべきかの判断が瞬時にできます。また、仕事だけではなくプライベートにおいてもこのスタンスは同じなため、公私ともに多忙で頭が混乱してきたという場合こそ、ノートで仕分けを行ってください。

## やるべき仕事と捨てる仕事をノートで仕分けする

# 4 24時間以内に行動できることを明確にする「すぐやるノート」

せっかくうまく段取りができて、今何に集中すべきか明確になっても、腰が重たいという経験はありませんか？

先日、お会いしたＩＴ系企業で営業職につく38歳の男性社員のお話です。

毎回、スマホのスケジュールアプリとＴＯＤＯリストを駆使して上手に行動計画を立てておられました。素晴らしいなと思い、少し聞いてみたのです。「これだけしっかりと行動計画が立てられていたら、ストレスなく行動できていいですよね？」と。するとうつむき加減に「それが、そうでもないんですよ。どうも自分は計画を立てることで息切れしてしまって、結局、行動を先延ばしするクセがあるんです。それに、いまいちモチベーションも上がらなくて……」と言うではありませんか。

この方のように計画を立てただけで安心感を覚えてしまい行動が鈍る人、段取りに自信が持てずに一歩が踏み出せない人など、着手までのハードルは予想以上に高い人が多いようです。

過去15年ほどの間で、私の講演やセミナーには延べ3万人以上の方がお越しになり、企業研修でも300社以上行ってきました。私はこのような場で同じ質問を繰り返しています。「行動できない原因は何が考えられますか？」と。すると9割ほどの方が、「面倒くさい」「不安である」という回答をします。

答えが明確であるならば、それを解消する手段をとればいいのです。

その手段とは**とにかく行動までのハードルを低くする**ことです。赤ん坊でも乗り越えられるくらいに、目の前のやるべきことのハードルを下げるのです。これを**「ベイビーステップ」**と呼びます。

もし、**どんなに難しいことであってもベイビーステップに変換することができれば、瞬時に「面倒くさい」「不安である」という行動の〝足かせ〟が外れます。**24時間以内にどんな難題だって、〝着手だけ〟は可能になるはずです。

例えば、あなたは英語が苦手だとしましょう。会社から「1年後には英会話をネイティブ並みにマスターしておいて欲しい」と言われたら、何から取り組みますか？　英会話学校に入学しますか？　それとも字幕なしで洋画を観ますか？　英語が苦手な人にとってはこれでもハードルが高く感じられます。ベイビーステップに変換すれば、「単語帳を開くだけ」という小さな一歩目の設定になります。これなら、ストレスなくはじめられそうではありませんか？　毎日英単語を100語覚えよう！　というのではありません。気が乗らないときでも、まずは単語帳を開くだけでいいのです。

毎朝、通勤前にジョギングをはじめようと計画を立てたなら、ベイビーステップは「靴を履くだけ」でいいのです。物足りないくらいがちょうどいい。これを周りに発表すると笑われるレベルだけど、自分は1ミリのストレスも感じないレベルを目指してください。**「もうこれ以上ハードルが下がらないよ！」というくらいに。**

実際には、**着手をすると物足りなさを感じて、さらに少しだけ行動をはじめてしまいます。**物足りないという渇望感を利用するのです。単語帳を開いたら3つくらいは覚えようかなと自然と体が動くものです。つまり、行動までのエンジンをどう簡単にかけるかが問われているだけなのです。

そこで、着手までのハードルを軽々と乗り超える習慣を身につけるために、ノートを使ったトレーニングを行います。頭の中で自動的にベイビーステップに変換するクセが身につくまでだけでも構いません。

TODOリストにある項目すべてをベイビーステップに変換するのではなく、まずは1つだけ重要なものに絞って試してみましょう。おすすめは「先延ばししていること」もしくは「難題だけど重要なこと」です。

ノートはタイトルを書いたあと、縦線1本補助線を引いて左右に2分割にします。左半分には、先ほどお話しした優先順位や劣後順位も意識してTODOリストを書き出します。次に、**TODOリストより「先延ばししていること」もしくは「難題だけど重要なこと」1つだけを選択して赤丸をつけてください。**

赤丸をつけた項目を今度は右半分の①に当てはめて、はじめの第一歩目を考えてみます。

例えば、「英会話学校へ入学手続きをする」とします。でも、入学手続きでさえ、英語が苦手だと億劫に感じ、気が乗らないときもあるでしょう。そこで、さらにハードルを下げていきます。「英会話学校に入るためには、数校比較したいので資料請求をする」とします。さらにハードルを下げて、「資料請求するためには、スマホで検索画面を開く」とすればいかがでしょうか？　これであれば、英会話学校の入学手続きという気が乗らないことに向けても、24時間以内にストレスなく着手できそうです。

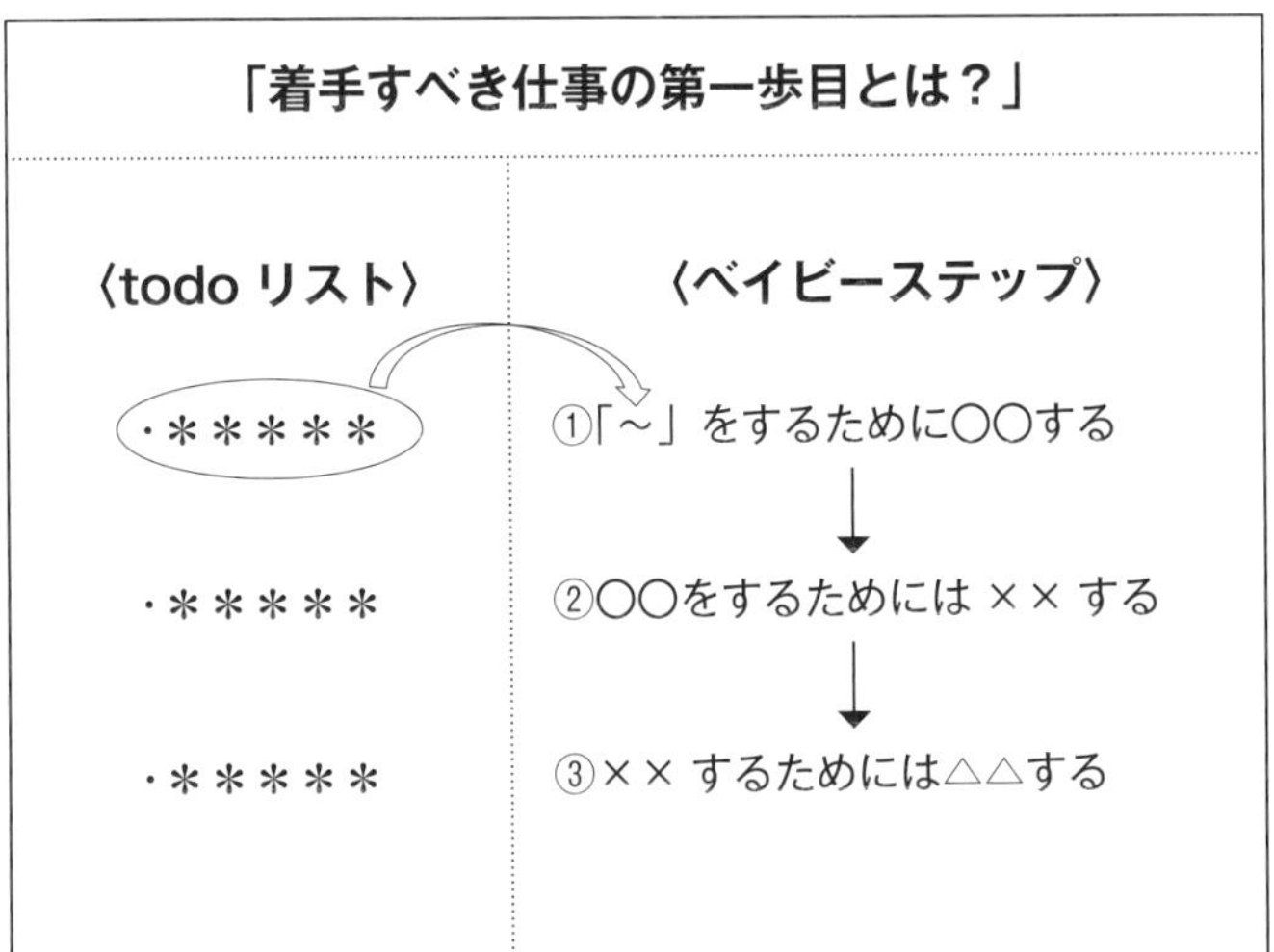

「着手すべき仕事の第一歩目とは？」
〈todo リスト〉
・＊＊＊＊＊
・＊＊＊＊＊
・＊＊＊＊＊
〈ベイビーステップ〉
①「～」をするために○○する
②○○をするためには ×× する
③×× するためには△△する

このように**難題にチャレンジするとき、あるいはどうしても気が乗らないときは、3段階くらいハードルを落とすことを考えてみてください。**

「モチベーションを上げなければならない」と肩に力を入れてストレスを感じるくらいなら、淡々とノートでベイビーステップへの変換を書き出していくほうが、よほどスムーズにはじめの第一歩が踏み出せます。

## TODOリストを小さな一歩目に変換する「すぐやるノート」を作る

# 5 さぼらずゴールまで導いてくれる「やりきるノート」

「夢を掴むことは一気にはできません。小さなことを積み重ねることでいつの日か信じられないような力を出せるようになっていきます」

これは野球で世界記録を作ったイチローさんの言葉ですが、実際には真逆になってしまうことが多いものです。

ジョギング3日目にして中止、英会話塾1か月で中退、中小企業診断士の資格取得勉強3か月で停止、勤務先は2社とも2年未満で退職……ひどい挫折を繰り返す24歳の青年。これは社会人になってから3年間の私の〝継続敗戦記〟です。

せっかく、小さな目標を設定して行動まで踏み出せるようになったにもかかわらず、何も長続きしません。原因は明確でした。意志が強くないと継続できないと思い込んだことです。

意志を強くするために各界で偉業を成し遂げた方のインタビュー映像を観てから、

はじめの第一歩目を踏み出していたのです。しかし、モチベーションは、はじめの第一歩目をピークに、その後必ず急降下していきます。「面倒くさいな」「今日はしんどいな」「これをやって何になるのだろう?」と。

私だって、イチローさんだけでなく、スティーブ・ジョブズ(アップル創業者)も、マイケル・ジョーダン(バスケットボールの名選手)も、毎日コツコツと決めたことをやりきったからこそ偉業を成し遂げたことくらいは知っています。成功する人に共通するのは才能や環境ではなく「やりきる力」があるかどうかです。2016年にアメリカの心理学者でありペンシルヴァニア大学のアンジェラ・リー・ダックワース教授が提唱した「GRIT(グリット)」理論でも実証されました。

振り返ってみると、私はたいていのことをはじめの1週目で8割ほどやめてしまう傾向がありました。つまり、自分の意志力は平均すると1週間が賞味期限というわけです。その後、うまく2週目、3週目に突入しても「友達からの誘い」などで集中できず、なんとか4週目に突入しても飽きてしまって気が散るばかりです。こうしてものの見事に1か月間で、「やりきる力」が打ち砕かれていました。
25歳のときに起業していた私は、このままでは生活すらできなくなると考え、なんとか1か月間は継続できる力を身につけようと考え方を変えました。目に見えない根拠なき空虚な意志ではなく、どうすれば決めたGoalまでやり続けることができるのかを模索し、手はじめに戦略を立てようとノートを開いてみたのです。

まず、**Goalを明確にします**。冒頭の話でいえば、そもそも「何のために資格を取得しようとしているのか？」「どのレベルを目指すのか？」などGoalが何もありませんでした。Goalの明確化は、自分の動機づけになるため、何より優先して行っておくべきことです。さらに、自身の体験に基づき、挫折しないための**「仕組み化」**と**「記録化」**を試みました。

ノートの真ん中に補助線を縦1本引いて、左右2分割にします。**左側にはやりきるための「ルール」を、右側には1か月分の「記録」をつけていく**だけのシンプルなものです。

「ルール」もなく意志の力だけに頼っては挫折してしまいます。何をどういう点に気をつけて実行すればいいのか、仕組みを考えるのです。頭の中で思い描いているだけでは忘れてしまいますからね。

また、自分が「今どれだけ進んだか」が目に見えないと、「このまま続けても意味があるのかな」という疑念が脳裏を駆け巡ってしまいます。そこで確実にGoalに近づいている様子を「記録」して挫折を防ぎます。

**ノートの左側には、主に自分を**

（例）この例ではAction項目が１つだけの場合

**「日記を書き続けるためには？」**

〈目的は何のため？〉

**日々のストレスを和らげるため**

〈目標はどのレベル？〉

- **１年間継続できるレベル**
- **購入した３冊のノートを使いきる**
- **日々のストレスがなくなり自信もつく状態**

**1） 実行ポリシー**

①いつ……毎日夜22時から
②何を……「振り返り日記」の記入
③どのように……1日3行だけ箇条書きで
④どこで……自宅の机にて
⑤どれくらいやるのか？……3分間限定で実施

**2）例外ポリシー**

- 例外①……飲酒した日は翌朝６時から
- 例外②……眠い時は1行だけ記入
- 例外③……体調が悪い日は過去分を眺めるのみ

**3）継続ポリシー**

- アメ……半年継続で万年筆を購入する
  1年継続で最新のスマホに買い替える
- ムチ……SNSで日記開始の宣言を書き込み
  1日サボれば100円を貯金箱に入れる

〈Action〉

| | （月） | （火） | （水） | （木） | （金） | （土） | （日） |
|---|---|---|---|---|---|---|---|
| 1週目 | ○ | ○ | ○ | ○ | ○ | × | ○ |
| 2週目 | × | ○ | × | ○ | ○ | ○ | ○ |
| 3週目 | ○ | × | ○ | | | | |
| 4週目 | | | | | | | |

〈Memo〉

- **連続記録が途絶えたのでムチを増やす**

**動かすためのルールを3つの視点で書き出します。**

注意点は「〇〇ルール」と書かないことです。「ルール」という言葉はストイックで苦しいイメージがあるためです。私は「〇〇ポリシー」というネーミングをつけます。ポリシーは、**「実行ポリシー」「例外ポリシー」「継続ポリシー」**の3項目を書きます。

**「実行ポリシー」は、行動するための〝初期設定〟となります。**「①いつ・②何を・③どのように・④どこで・⑤どれくらいやるのか？」など、進めていく上でのパターンを作ります。場当たり的に気の向くまま行動してもすぐに崩れてしまいますので、「毎日やってみよう！」と思うスタイルを固定的に決めておきます。

例えば「①毎日夜22時に・②ふりかえり日記を・③1日3行だけ箇条書き形式で・④自宅の机で・⑤5分間限定で書く」とします。②と③は、状況により「ベイビーステップ」に変換してから記述しておくことも有効です。

次に**「例外ポリシー」**です。せっかく行動パターンを初期設定しても、必ずイレギュラーな予定が割り込んできます。「今日は夜空いてる？　久しぶりにリモートで飲み会やろうよ」「子供が急に熱を出してしまった」など、予定通りにいかないのが現実でしょう。そこで、**予定通りに行かなかった場合のみ、「行動できなかったときの代替え案」を例外としてはじめに決めておくのです。**

例えば、体調が悪く気が乗らないときには、「さらにハードルが低いベイビーステップを設ける」などです。毎日1章ずつ読書しようと決めていたら、今日は10行だけ読んで寝るなどです。毎朝通勤前にジョギングしようと決めているのに大雨の場合は、「翌日に2倍走ろう」「日曜日の夕方に振り替えよう」とします。ただし、基本は超低空飛行でもいいから、意地でも何かをやり続けることをポリシーにしてください。

最後に**「継続ポリシー」ですが、これは継続するために必要なネタを用意しておく方法です。アメとムチを同時に設定します。**アメとは、Goalに向けてやりきることができれば、自分にご褒美をあげる内容を決めておきます。逆に、ムチとは自分にムチを打つために、SNSで目標を公言する、定期的に友人にフィードバックをもらうなどです。

3つのポリシーの中でも特に私が大切にしていることは、「実行ポリシー」の「①いつ」と「⑤どれくらい」です。いわば時間の使い方の工夫です。**何かに取り組むときに、時間を小刻みにして行動することをおすすめします。**

よく仕事のスケジューリングでは、1時間で○○をしよう、会議は2時間で設定しようと長めに時間を見積もるケースが多いものです。しかし、長めの時間をとるとすぐには達成感を得ることができないので、挫折のリスクがあります。また、同じことを長時間継続することは退屈感につながり集中力を欠いてしまいます。

先日、テレビで地方の公立高校から留学経験もなしに現役でハーバード大学に合格して首席で卒業、さらに音楽学校の名門ジュリアード音楽院の修士課程を最優秀で卒業された女性の特集をやっていました。集中力を継続させて勉強をやりきるコツについて彼女は、「5分刻み」でスケジュールを立てていたと言っていました。例えば、「5分で英単語を何個覚える」などと、ゲーム感覚で勉強していたと言います。

また、イタリア人のフランチェスコ・シリロによって考案された「ポモドーロ法」というテクニックがあります。ポモドーロとはイタリア語でトマト（トマト型のタイマーを使用したことに由来）を意味します。「25分の作業」と「5～7分間の短い休憩」を1セットとしてカウントし、何セットか繰り返すと15～30分の長めの休憩をとる方法です。25分という短い締め切り時間を設定すると、それ以降は強制的にできなくなるため、何としても終わらせなければという意識になります。また、他のことを考えてしまうなどの迷いがなくなります。

これぞ**「締め切り効果」**です。何分刻みにするかはテーマによって変わりますが、**小刻みにすることで「ムリなく集中できる」仕組みを考えてみましょう。**

さて、ノートの右半分の記録表ですが、あまり凝りすぎないことが肝心です。エクセルで別紙として作る人もいますが、やらなくなってしまうことが常です。パソコンを開くことさえ面倒になるリスクがあるからです。私は1か月（はじめに挫折しがちな方は1週間でもいい）のスケジュールを書き出し、「できたときは○、できなかったときは×」をつけるという超シンプルなものにしています。

そして〈Action〉は最大でも3項目にします。例えばダイエットの場合、①3キロ走る、②飲酒はビール1本以内、③1日2食にすると書き込み、○×をつけます。

これにより、毎日の行動が見える化され、簡単にサボれなくなる意識に自分を変えていきます。

単なる記録だけでなく、ポリシーとセットで記述することで、ノートはあなたのコーチになってくれます。

**「やりきるノート」は、あなたをコーチしてくれる**

# 第5章

# 今に集中できる「振り返りノート」

# 1 ノートによる振り返りなくして成長なし

忙しい毎日をすごしているけれど、このままでいいのかな？　とたまに不安に思う。このような経験はないでしょうか？

時代が激変する中で日々の仕事や生活に確信を持てないという声をクライアントからよく聞きます。**毎日ＴＯＤＯリストをやみくもにこなし続けても〝多忙中毒〟になるだけで、この不安を解消することはできないでしょう。**必要なことは、いったん立ち止まって振り返りをすることです。

**毎日の忙しさにクサビを打ち込み、じっくりと自分を見つめ直し、自分の頭を整理する時間を持ちます。**このことを**「リフレクション（内省）」**とも呼びます。

「今、自分はどこに位置して、これからどこへ向かっていくのか？」という根源的な問いを自分に投げかけ、自分と対話する時間を持ちます。

せっかく、キャリアを切り拓くためのプランをノートに書いていたとしても、目の前の仕事や世間のノイズに邪魔をされていては想いが実現しません。振り返りと軌道修正を繰り返すからこそ、人生の上昇気流に乗るチャンスが生まれるのです。

振り返りの効用は3つあります。**「①客観的になれること」「②自分らしさを取り戻せること」「③新たな決断ができること」**です。

**振り返りは、ノートを使って見える化をすることが肝心です。**見える化することで、自分の頭の中や本当の気持ちが明確になり、何に悩み、どこが課題なのかがクリアになります。

また、**何が自分にとって大切なことなのかを冷静に見つめ直すことができます。**世間から流れてくるノイズや周りからの同調圧力は脇に置き、自分らしさを取り戻すキッカケになります。

最後に、次はどう進んでいこうか？　と自分と対話を繰り返しながらノートに書き出すことで、新たな行動のための決断にもつながります。

振り返りを、気が向いたときだけや時間ができればやってみようというのでは、結局やらなくなってしまいます。はじめに、どのように振り返りを行うのか、主に時間と場所を初期設定することをおすすめします。拙著『1日10分「じぶん会議」のすゝめ』（WAVE出版）では、振り返りのことを「じぶん会議」というネーミングで〝初期設定〟の方法論を紹介しています。

まずは、お気に入りのノートとペンを用意してください。その上で、以下3つのルールを大切にします。

**ルール① 自分だけの聖地で行うこと**
**ルール② 自分にアポイントを入れること**
**ルール③ 緊急ではないが重要なことを振り返る**

**振り返りを行う場所を〝自分だけの聖地〟として決めます。**普段と違う環境に身を置くことで、いつもとは違う視点から自分を客観視できるからです。日常的な忙しさや目の前のやるべきことから離れる点で大切なことです。

かつてのセミナーの受講生の中には、お気に入りのカフェを設定し、プリペイドカードを即座に作りにいった人や、自分の車の中を設定した人もいます。

うるさすぎず静かすぎない適度な雑音と、他人との距離感から、集中力が高まるかどうかを判断して選んでください。


次に大切なことは、**時間を予め先々まで確保しておく**ことです。

時間ができれば振り返りの時間にしようと考えていると、いつまで経っても時間の確保ができません。また別の用事が割り込んでくるからです。

そこで、月初に当月分の振り返りの予定をすべて入れておきます。誰もが他人との約束や日常業務の予定は、緊張感をもってスケジュールに入れます。ですが、自分との約束になるとつい後回しにしてしまうものです。

振り返りは自分のキャリアや人生を好転させるかもしれないため、先送りにすることは、他人の人生だけを優先することを意味します。**他人や日常業務とのアポイントと、自分とのアポイントは、同格に扱ってください。**

**1日10分だけでもOKです。**10分なら負担になることもないでしょう。朝出勤前、昼休み、終業後、寝る前などベストな時間を試しながら見出してください。

その後、スケジュール帳に振り返りの時間として「じぶん会議」と即座に記入します。単に「振り返り」とするよりも、「じぶん会議」という名前で予定にすることで、アポイントを大切にする気持ちになります。

また、場所と時間を決めた上で、**「緊急ではないが重要なこと」を重点的に振り返ってください。**TODOリストや日常業務は、緊急なものほど自然と振り返り、随時軌道修正していることと思います。一方、

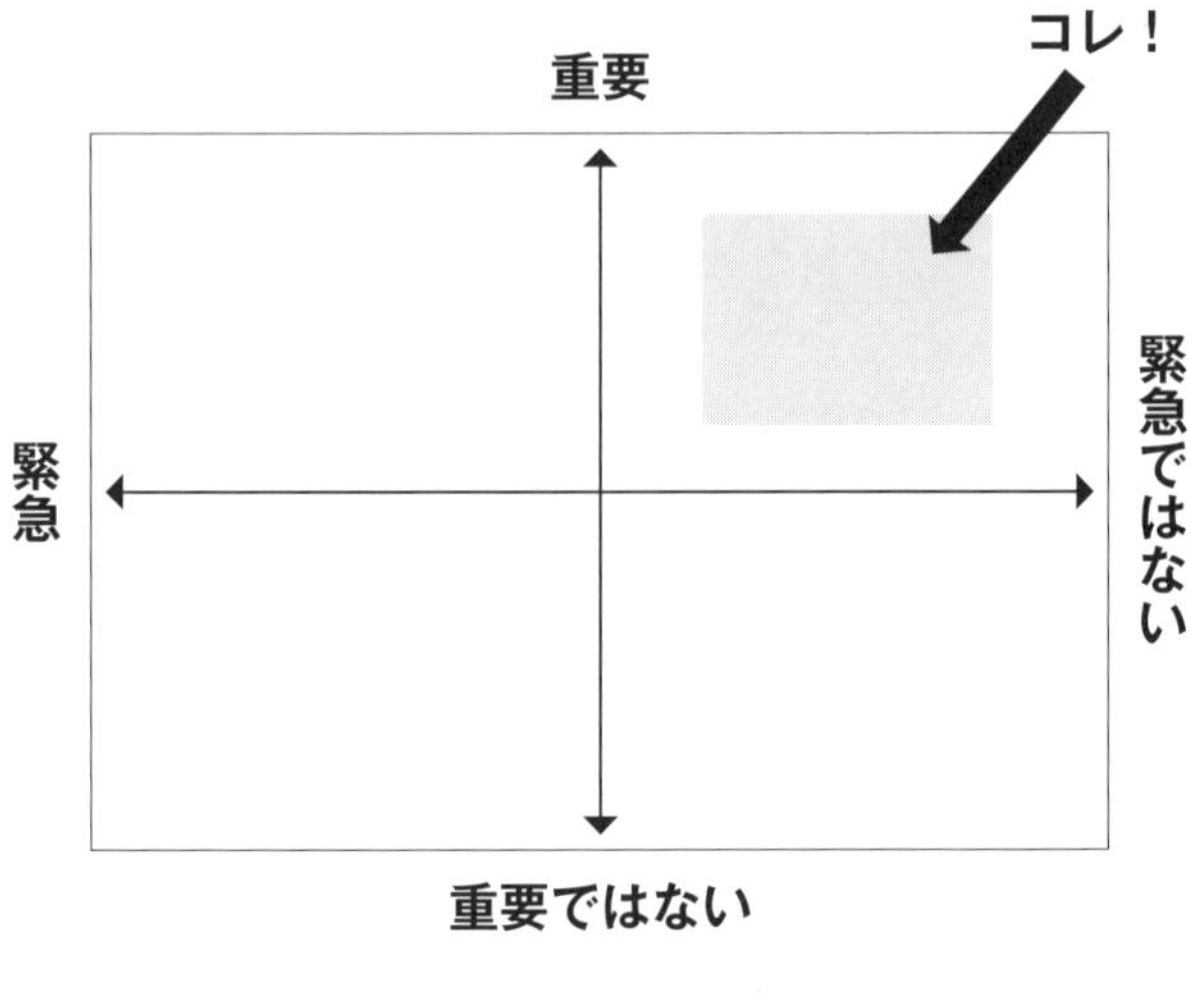

緊急性のないことや期限は決まっていない中長期的なことについては、考えたり、整理する時間はなかなか意識しないととれません。

「緊急ではないが重要なこと」とは、例えば、自分のキャリア、ビジネスの戦略、家族とのすごし方、「やるべきこと」ではなく「心底やりたいこと」などです。

もちろん短期的なことの振り返りがダメというわけではありませんが、時間を強制的に確保してまで行うので、**普段じっくりと考える時間がとれないテーマを設定しましょう。**

**ノートによる振り返りの時間が、あなたの人生を左右する**

# 2

# 人生で大切なことにフォーカスする「時間配分ノート」

「時間はたっぷりある。うまく使いさえすれば」（哲学者・ゲーテ）

これほど〝不都合な真実〟をあぶり出した言葉は見つかりません。毎日忙しくて、時間なんてないよー！　という私の心の叫びを見事に粉砕してくれました。

あなたは時間配分の見直しを定期的にしていますか？　先ほどお話しした振り返りの時間も同じですが、時間をどう配分するかは、常に私たちの行動に密接に結びついてきます。

多忙を極める、ある経営者の言葉が忘れられません。

「あれもこれもと、やみくもに手を出しているだけではすべてが中途半端に終わってしまう。人生はカウントダウンなんだから、何かを得たいなら何かを捨てなければいけない。つまり、成果を得るためには時間配分こそが命なんだよ」

この経営者に出会ったときの私は20代の駆け出しの頃で、まだ起業したばかりで忙しいものの成果が上がらず、給料をとることもままならない最悪の状況でした。勝手にノウハウや人脈がないからと、その理由を決めつけていたのです。

でも**〝人生はカウントダウン〟**であるという言葉を聞いたときに衝撃を受けました。実は時間配分に問題があったのかもしれない。いろいろとがんばっているだけでは、力が分散してしまう。**本当に大切なことを振り返りによって見極め、どこにフォーカスするのかハッキリさせよう**と。

以来、時間配分の振り返りもノートを使って行うようになったのです。

**時間配分の見直しは、週に1回程度でいいでしょう。**日々の細かいスケジュール管理も大切ですが、ここでは大きな視点で時間の使い道の「方向性」を振り返ります。自分の目標達成の近道になるような時間の使い方をしているかなどの確認です。

週初めの朝一番、仕事をはじめる前に10分程度で振り返ります。**「前の週は、何にどの程度時間を使ったのか」「今週はどこに重点を置いて時間配分をするか」**の**2点を主に検討します。**

まずは、ノートの冒頭に「先週の時間配分と今週の重点分野とは?」と、タイトルを書きます。次に補助線を2本引き、3分割してください。左より**「他人仕事」「自分仕事」「プライベート」**と分けます。

**「他人仕事」とは、例えば会議や商談など他人との約束・アポイントです。「自分仕事」とは、他人向けであっても黙々と自分ひとりで行う仕事や、自分のための仕事です。**

**「プライベート」は、文字通り仕事や業務以外のことです。**家族との時間、趣味、スポーツ、または自己啓発の時間を指します。

なお、それぞれの記入は、赤・青・緑など3色ボールペンで色分けをすると視覚的にも配分がパッと見て整理できるので有効です。

各項目にはスケジュールそのものではなく**先週分の実績を書き出していきます。**時間配分の振り返りが主な目的のためです。

主に「やったことの項目名と自己評価」を書きます。項目名には実際のタスク名を書き、自己評価は予定通りにできた場合ややる意義があった内容であれば「○」を、どちらとも言えない場合は「△」を、予定通りにできなかった場合や重要でもなかった内容であれば「×」をつけ、シンプルに自己評価します。

　先週分の内容を書き出したら最後に、**予定した時間配分と実際の時間配分を「%」で書きましょう。**全体が１００%とした場合に、その内訳が何%ずつだったかというイメージの記述です。

　「実際の時間配分」に関しては、厳密に所要時間の計算をしなくて

**「先週の時間配分と今週の重点分野とは？」**

| 〈他人仕事〉 | 〈自分仕事〉 | 〈プライベート〉 |
| --- | --- | --- |
| （予）30%<br>（実）50% | （予）50%<br>（実）35% | （予）20%<br>（実）15% |
| ・＊＊＊＊＊× | ・＊＊＊＊＊× | ・＊＊＊＊＊△ |
| ・＊＊＊＊＊○ | ・＊＊＊＊＊△ | ・＊＊＊＊＊△ |
| ・＊＊＊＊＊△ | ・＊＊＊＊＊× | ・＊＊＊＊＊○ |

**〈今週の重点分野：どこにフォーカスすべきか？〉**

＊＊＊＊＊＊＊＊＊＊＊＊＊＊＊＊＊＊＊＊＊＊＊＊＊

いいです。

「他人仕事」「自分仕事」「プライベート」の3分野に関して、だいたいの割合を書き出すだけです。これにより、3分野はどのようなバランスで1週間を過ごしたかが直感的にわかります。

ページの一番下には、**「気づきと今週の対策」を書くスペースを設け、1週間の重点分野を探ります。**

例えば、3分野のバランスを見て「当初の予定よりも他人仕事に偏り、じっくりと自分で戦略を考える仕事を疎かにしていた」などの気付きを得ます。その上で、今週はどこに重点を置いた時間配分にするのかを設定します。「今週はプライベートの比重を高め、特にプレゼン力を上げるためのセミナーの受講時間を増やす」などです。

**時間配分を見直すためのノートは、振り返りそのものが目的ではありません。3分野の振り返りを通じて、「どこにフォーカスすべきか？」を見出すことです。**

時間は有限です。また、私たちの日常生活や仕事も限りある時間という制約条件の中で、いかに最大のパフォーマンスや最高の幸せを見出すかが大切です。すべて均等に時間をかけ、すべてを手に入れようと思っても、何もつかみ取ることができなくなってしまいます。気づけば歳だけとっていた、なんてことにはなりたくありませんよね。

「あれも、これも」やらなければいけない（足し算思考）という衝動を、いったんノートに時間の振り返りを書き出すことで封印してください。**「あれか、これか」の選択と集中（引き算思考）を行い、目標達成のために必要な時間のかけ方を見極めることこそが大切です。**

ただ時間をかけて努力するのではなく、時間のかけどころを見極め、〝筋がいい努力〟を心がけましょう。それが目標達成の近道となります。「結果を出すために、今どこに時間をかけるべきでしょうか？」

## 時間のかけどころを、ノートで見極める

# 3 アスリートだけのものではない「心・技・体」ノート

スポーツの世界では、「心・技・体」という言葉がパフォーマンスを向上させる3要素としてよく使われます。オリンピックに出た選手もインタビューで「心・技・体」を意識して練習に努めましたと話されます。

実はこの3要素、スポーツに限らず仕事や日常生活において「振り返り」の際にも活用が可能です。

「最近、目標達成に向けてあまり進んでいない」

「何となく気持ちがモヤモヤしている」

「やるべきことが多くて頭がゴチャゴチャしてきた」

こんなときは、一度、今の自分を振り返る上で**「心・技・体」の状況をノートに書き出し、自分の調子を見える化してみるのです。**3要素のバランスを大きく欠いていていると、進捗が滞りモチベーションも上がってきません。

「心・技・体」による整理をどう活かしていけばいいか？　まずは3要素の意味合いから確認しておきましょう。スポーツ以外で応用する場合にでも、大きくその意味合いは変わりません。

**【心】……感情、気持ち、モチベーション、考え方など**

**【技】……スキル、ノウハウ、工夫など**

**【体】……体調もしくは体制（ルール、環境、条件など）**

（※「体」は、スポーツの世界と同じく体調・健康面など身体の状態を意味しますが、仕事など内容によっては〝体制（仕組み・環境）〟というように意訳して使うことも有効です）

ノートを3分割し、「心・技・体」の枠組みをはじめに作りましょう。何となく日常を振り返るより、あるテーマに基づいて振り返ったほうが実用的です。

例えば、「ワークライフバランスの充実とは？」や「チームワーク作りの進み具合は？」などです。今、気になっていることや目標をタイトルとして記述しておくと、意識のスイッチが入って効果的です。

枠組みを作り、タイトルを記入したら、3要素それぞれに現在の状況を書き込んでいきます。毎日、10分程度で日々の状況を書いてもいいですし、週末などにまとめて書いてもいいです。

「現在の生活のバランス状況とは？」
・仕事での知識が急増
・オンラインセミナーを今週は2本受講
・読書3冊／1週
インプットが多目なので今後はアウトプットを増やしたい。（SNS、読書会、勉強会講師など）
・友人とオンライン飲み会
・家族と日帰りキャンプ
・動画配信サービスで洋画を1本
ここはOK！
技
心
体
・毎朝のジョギング
・睡眠6時間
睡眠時間を30分増やす

「3要素を見て手薄な点、課題は何か？」「この1週間、どのような状況だったか？」「翌週から、3要素の時間配分はどうするか？」など自分に質問しながら書

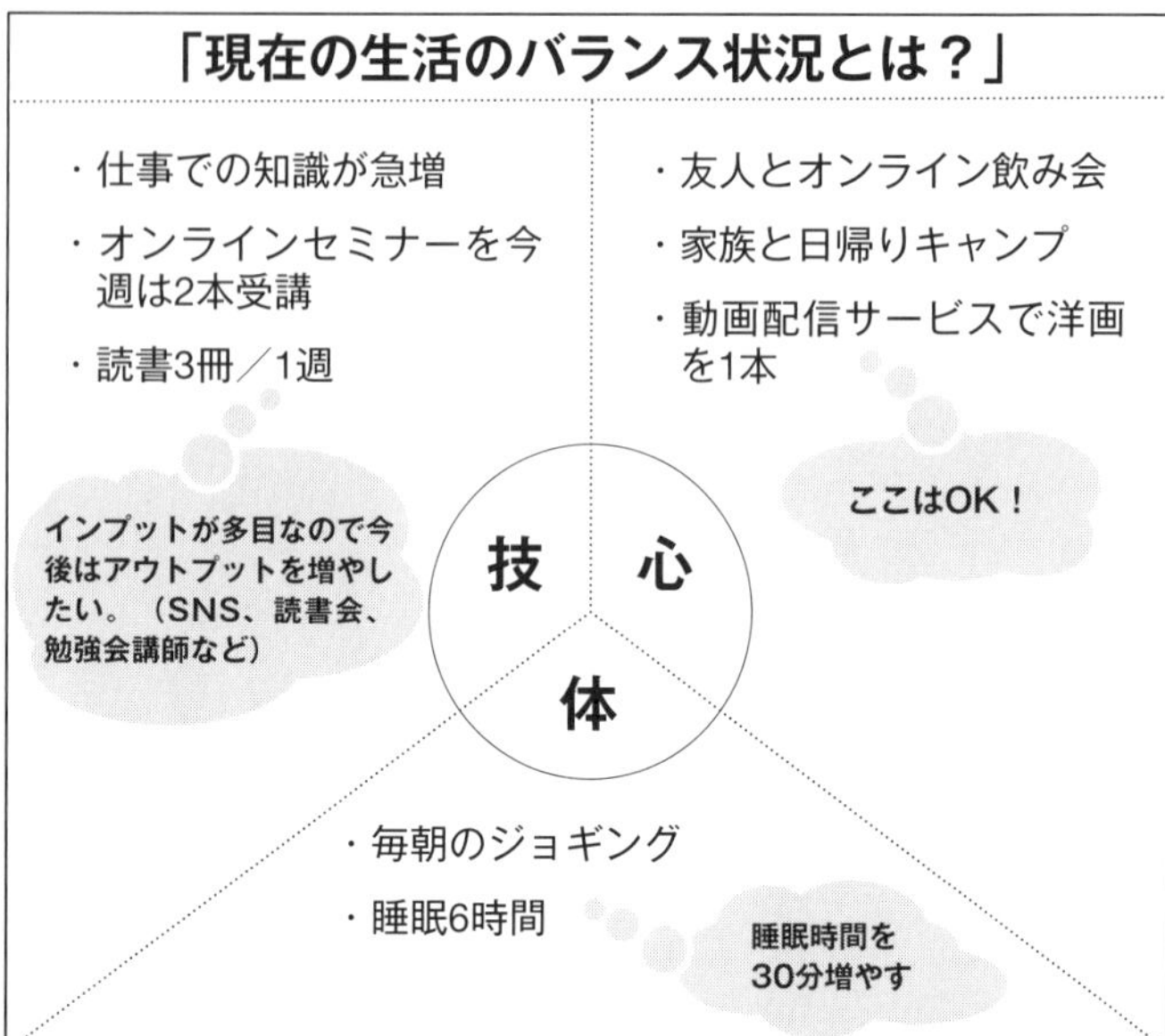

いていくことで、振り返り内容をクリアにしていきます。

また、心・技・体の各項目に自分なりの気づきを書いていくことも次の行動改善につながり有効です。

かつて日記を書くことにチャレンジしたけど、面倒くさくてやめてしまったという人でも、心・技・体の振り返りノートであれば文章力など気にせずにメモレベルで書けるので続けやすいでしょう。

**「心・技・体」による3分割ノート法は、キャリアアップやビジネス展開の検討の際にも、応用できます。**

実際に私のセミナーを受講し、大手メーカーのマーケティング部で働いていた女性は、このノート術により希望する会社に転職することができました。

転職するかどうか悩んでいる際、当初は転職そのもののメリット、デメリットの2軸で検討されていましたが、どうも深掘りできません。さらに、不安な気持ちが強かったため、デメリットばかりが多く出てしまい、暗礁に乗り上げてしまったのです。

そこで、「心・技・体」の3分割ノート法で自分自身を客観的に振り返っていったのです。

キャリアを考える際は、さまざまな不安が押し寄せてくるものです。ときにはネガティブな考えが頭の中で堂々巡りし、他人のアドバイスに引きずられ、何が一番自分にとって正しい答えかわからなくなってしまいます。

そんなときでも、3つの切り口からノートに書き出すことで、自分をより客観視でき、納得がいく新たな人生の第一歩が踏み出せるのです。

また、私がクライアント企業のアドバイザーを行う場合には、状況を把握する際も「心・技・体」で全貌を観察します。

社員の「心」(モチベーション、マインド、仕事のスタンス)はどうか?
「技」(スキル、ノウハウのレベル)はどうか?
「体」(組織の体制や仕組み)はどうか?

とインタビューしながらノートに整理していくと、状況が瞬時に整理できます。その後、定点観測を繰り返し、「心・技・体」による振り返り内容をノートにとりまとめてクライアント企業に説明することで、互いに状況の共有がスムーズにいきます。

日々の生活や仕事を3要素に分解し、1つではなく多方面からノートで客観視することは、キャリアやビジネスの新たな一歩を踏み出すキッカケにもなるのです。

## 「心・技・体」で多方面から自分を客観視する

# 4 日々の学びからパワーアップさせる「YWTノート」

以前、「振り返り」をすると自己肯定感が下がってしまうと嘆いていた女性がいました。共働きで子育てしながらの毎日は多忙を極めます。そんな中、毎日、「良かった点と悪かった点」をノートに書いて日々向上しようとがんばっていたのですが、「振り返りをすればするほど反省点ばかり、自分はなんてダメな人間なんだろう……」と思うようになっていたのです。

これでは、前向きに進んでいくための振り返りが台無しです。なぜこの方は、せっかくの振り返りがネガティブなほうへ流れていってしまったのでしょうか？

振り返りを行う際の視点に「良かった点」と「悪かった点」の2つを使う人が多いようです。この2つの視点はシンプルでわかりやすいものの、一定のリスクがあります。

**「悪かった点」という言葉の響きが、嫌な思い出をよみがえらせ、自己肯定感を下**

**げてしまうのです。**言葉の響きはとても大切です。「良かった点」と「悪かった点」という言葉を見ると、あなたはどちらにインパクトの強さを感じますか？　また、良かった出来事と悪かった出来事を見比べたらどちらの印象が強いですか？　私はどうも「悪かった」という言葉に引きずられてしまいます。

これは**「ネガティブ・バイアス」**という脳の働きが原因です。アメリカの心理学誌「Psychology Today」の中で、当時オハイオ州立大学（現在：シカゴ大学）のジョン・カチョッポ博士が行った研究が紹介されています。

カチョッポ博士は、ポジティブな感情を引き起こすことが知られている写真（フェラーリやピザ）、ネガティブな感情を引き起こすことが知られている写真（切り刻まれた顔や死んだ猫）、ニュートラルな感情を引き起こすことが知られている写真（皿やドライヤー）を人々に見せました。そのときに脳の大脳皮質で、情報処理の大きさを示す電気的な活動がどうなるかを記録したのです。

その結果、脳はネガティブな刺激に強く反応していることがわかりました。脳は、ネガティブな刺激に対してより強く反応し、電気的な活動がより活発になります。つまり、いいニュースよりも悪いニュースのほうが、私たちの態度に大きな影響を与えるということです。(『Psychology Today』「Our Brain's Negative Bias」2003・6)

冒頭でお話しした方には、少し考え方とやり方を変えることを提案しました。振り返りは自分にダメ出しをするのではなく、前進していくためのヒントを見出すことが大事であることを伝えたのです。すると振り返りの捉え方が変わり、毎日楽しく振り返りができるようになったと言います。

もちろん、コツは捉え方だけではなく、ノート術にもありました。

ここでは、前向きに振り返りをするノート術についてお話ししたいと思います。

**ノートを使って振り返りをするときの視点は「やったこと(Y)」「わかったこと(W)」「次にやること(T)」の3点セットをおすすめしています。**日本語の頭文字をとって**「YWT」**とも言われている方法で、「日本能率協会コンサルティング」が提唱し日本で開発されたフレームワークです(フレームワークとは、仕事の要素や情報を整理するための思考の枠組みのことです)。

この3つの視点の中には、ネガティブな言葉が含まれていません。ポイントは、「いい／悪い」や「できた／できなかった」ではなく、**「できごとから何を学び次にどう活かすか」**という点です。

良かったことも悪かったことも、ただ結果を振り返ることだけが目的ではありません。軌道修正を繰り返しながら徐々に目標に向けてステップアップしていくこと、そのためのヒントを見出すことが振り返りの真の目的です。そうであるなら、**自分をパワーアップさせる「学び」に着目すべき**なのです。

実際の書き方は次のとおりです。

「今日の学びをいかに活かすか？」などとタイトルをはじめに書きます。次に、補助線を2本引いて3分割してください。

**「やったこと」（Y欄）には、日々のできごとや意識してやったことを箇条書きレベルで棚卸をします。**

**「わかったこと」（W欄）には、「やったこと」（Y欄）の中から、わかったこと（学びや気づき）など次につながるヒントを書き出します。**

最後の**「次にやること」（T欄）には、Y欄とW欄の内容に基づき、次に行う具体的な行動の第一歩目を書き出します。**T欄があるからこそ振り返りっぱなしに終わらず、確実に次の行動につなげていきます。

それぞれは、赤・青・緑などと3色で書き分けると、振り返り内容がより際立って整理がつきやすくなります。

さて、ここで冒頭にお話しした女性の話に戻しましょう。

私のアドバイスを受けたあと、ノートを使った振り返りを以前より手厚くしていきました。ノートにYWT視点の振り

**「今日の学びをいかに活かすか？」**

| 〈やったこと〉（Y） | 〈わかったこと〉（W） | ➡ 〈次にやること〉（T） |
|---|---|---|
| ・朝の勉強　25分なら3サイクルできる！<br>・面談で若い子にちゃんと接してみた。 | ・朝は割り込みが入らず、効果的。<br>→朝なら、子どもたちのことを心配しなくてすむ。<br>・20代の若者たちが、何人もガードを開放して話してくれた。<br>→若者こそ、自分が励ましていくべき相手だと感じた。 | ・学習中の資格勉強は2章の10ページのみ。<br>・若手との会話では冒頭5分は聞くことに徹する。 |

返りを書き出し、さらにその内容をSNSに投稿して友人からの反応（前向きな提案やフィードバック）を得る2段階式で行うように工夫。これにより、周りの知恵も入れた手厚い振り返りが可能になり、ノートの内容が日々の戦略マニュアルのように進化していったと言います。

**「7：2：1の法則」**という言葉があります。**人は何から学びを得て成長するかというと、7割は経験から学び、2割はアドバイスやフィードバックから学び、1割は研修や教育から学ぶ**、という考え方です。

「YWT」の振り返りノートでは、「やったこと（Y）＝経験」から振り返りがスタートするため、単に「いい／悪い」「できた／できなかった」という印象論に終始せず、経験から活きた知恵を学べる点でも優れていると言えます。

## 振り返りノートでは、反省よりも経験から得る「学び」を重視する

# 5

## 熟睡を可能にする寝る前の「3行ノート」

「肺結核、知人の自殺、妻との別居などによる猛烈な神経衰弱で引きこもり生活へ。心のツラさを解消するため、友人から勧められて小説を試しに書いてみたらそれが好評で自分の生きる道を悟る」

さて、この人生模様はいったい誰のことでしょうか？

答えは、日本を代表する作家、夏目漱石です。

「精神を病んでいる人が、何かを『書くこと』で不思議と自分自身が救われるってことがあるんだなー」。もう何年も前になりますが、何かの書籍でこのエピソードを知って驚きました。そしてまさか、自分自身も同じ経験をすることになるとは、この頃にはまったく想像もつきませんでした。

40代に乗った5、6年前のことです。原因不明の憂鬱が襲ってきたのです。自分の会社が新年度に移るタイミングでした。「起業して20年経って本を出すまでになったけど、そうはいっても自分は何もなしえていないではないか？」「このままで後世に何を残せるっていうんだ？」「結局、自分は何がしたくて、どこに向かっているのか？」と焦りにまみれた自問自答ばかり。世界は猛烈なスピードで変化し、20代でも上場企業を築く人間が世界中で続出。「あれ、このままでは、自分だけが時代に取り残されるのでは？」「書籍や講演で他人には喝破しているくせに、一番自分が進化していないのではないか」。そのうちに、夢を語ることもなくなり、熱を込めて語ることが急減していきました。

勝手にかけていた自分への無意識なプレッシャーで、突如として中年の憂鬱が襲ってきたのです。かつて経験したことがないほどの憂鬱さは、仕事に向かう足取りも重くしました。

子供の〝いやいや病〟と言えばわかりやすいでしょう。食事も嫌、学校へ行くのも嫌……これと同じ傾向が、オジサンである自分にも起きたのです。

大好きだったはずの仕事の日、出勤前に蕁麻疹（じんましん）が出ているではありませんか。「台風で仕事がぶっ飛んでくれないかな」、そんなよからぬ気持ちは当たり前のように毎日襲ってきます。あれだけ仕事が好きだった私が、「はやく休日になれー！」と心の中で絶叫していました。

人にも会いたくない。1日中、何も考えずに寝ていたいよ。少なくとも、元気な姿で仕事に行かなければ皆に迷惑をかけてしまう。これまで築いてきた信用も一気に崩れ去ってしまう。そんなギリギリの気持ちを振り絞り、人前に出るときだけ強引に笑顔を作って自分を覆い隠していました。

もう一度、自分らしさを取り戻したい。他人の思考の整理をお手伝いしている場合ではない。自分自身の整理がつかないまま、重たい心の足かせを外せないなんて最悪だ。このまま落ちていくのか、普段の自分に戻れるのか。勝手な気負いからギリギリの精神状況で瀬戸際に立たされていました。

いつかのインタビューで歌手の矢沢永吉さんはこう語っていました。「人はうまくいかないときよりも、先が見えないときほどしんどいことはないよね」と。まさにこのときの自身の心境にシンクロしたのです。

「そうだ！　どうせ、何も今すぐ結論がでないのだから、心や頭を動かす前に身体を動かそう」。そう思い、ウォーミングアップ的に、手を動かすことにしました。いつも持参するノートに、何でもいいから〝何か〟を書き殴ってみたのです。

とにかくゲロを吐くつもりで言葉を吐き出そう。その1点からスタートさせ、ペンを持って無意識な手の動きに委ねてみたのです。すると、不思議なことが起きました。ネガティブなことだけではなく、これまでの良かったポジティブなこと、希望なども たくさん出てくるのです。ノートに何かを書くことで先は見えてくるのでしょうか？「今の自分」を受け入れられ、次へのスタート台を築くきっかけとなり、気持ちがずいぶん落ちつきました。

それ以来、気持ちの好不調に振り回されないように、毎晩ノートに簡単な日記をつけることにしました。

後に順天堂大学医学部の小林弘幸教授がすすめる**「3行日記」**という方法に出会います。小林教授によれば、**手書きの日記をつけると自律神経が整い、心身をコントロールできるようになる**そうです。

歌手のレディ・ガガもサッカーの本田圭佑選手も、日記によって自分の状態を把握しているそうです。それも、寝る前にたった3行書くだけでいいのだとか。実際に私自身も書くことで気持ちが落ち着いてきた経験がありましたのでこの方法は〝渡りに船〟です。しかも、3行だけであれば三日坊主を防ぎ継続できます。

小林教授がすすめる項目は、「①よくなかったこと、②よかったこと、③明日の目標」の3行ですが、私は少し改良を加え**「①よかったこと」「②前進したこと」「③明日の目標」**としました。前のパートでもお話ししたように「よくなかったこと」などネガティブな要素を1つでも入れるとそこに引きずられてしまうからです。①と②はオーバーラップしていても構いません。特別のよさや達成感まではなくても「前進したこと」という項目を入れることで、**嫌なことがあっても確実に日々進化していることを実感でき、明日へつながっていきます。**

〈①よかったこと、②前進したこと、③明日の目標〉

①よかったこと……今日はあるお客様から提案書の内容を絶賛された

②前進したこと……なかなかできなかった執筆が5行だけ進んだ

③明日の目標……先々のことに一喜一憂せず、行き詰まったら深呼吸をする

記入方法は、簡単です。超がつくほどシンプルに「3行を箇条書きするだけ」です。ノートは縦置きでも横置きでもかまいません。

また、小林教授が推奨し、私も実践しているルールは以下4つです。

- **1日の終わり、「もうあとは寝るだけ」という時間帯に**
- **ゆっくり、ていねいに必ず手書き**
- **落ち着ける場所で、必ず自分ひとりになって机に向かって書く**
- **字数の制限はないが、ノートや日記帳に1テーマ1行で収まるよう、なるべく簡潔に**

「今日は、なんて日だ！」と思うほどの悪いトピックスばかりであっても、はじめから「よかったこと」や「前進したこと」を書く形式にしているため、おのずとポジティブなことを思い出しスポットライトを当てます。

物事は必ず影があっても光もあります。悪いことがあってもいいこともあるのです。

つまり、物事には必ず「2面」あるということです。どうしても1日の印象で、表か裏か1面に引きずられがちになりますが、偏りをなくす点でも3行日記は効果的なのです。

こうして私自身の中年の憂鬱は〝全治3か月〟で完全にエンディングを迎えることとなり、ようやく熟睡できる生活に戻りました。

| |
|---|
| 〈202＊年＊月＊日〉 |
| （よかったこと） |
| ＊＊＊＊＊＊＊＊＊ |
| （前進したこと） |
| ＊＊＊＊＊＊＊＊＊ |
| （明日の目標） |
| ＊＊＊＊＊＊＊＊＊＊＊ |

## 寝る前に「たった3行だけ」日記を書けば熟睡できる

# 第6章

# 悩みを最小化できる「解決ノート」

# 1 それはどの程度の問題なのか？「問題明確化ノート」

忙しい毎日を過ごしていると、日々さまざまな問題が私たちを襲ってきます。仕事がスムーズに進まない、やせたいのにやせない、夫婦関係が冷え切っているなど、サイズの大小を問わずあなたも何かの問題と向き合う場面がきっとあることでしょう。そんなとき、感情だけに身を任せていては、冷静に問題に対処できなくなるばかりか、ストレスも抱え込んでしまうので注意が必要です。いったん立ち止まり冷静さを取り戻すことが問題解決には必須です。

人は目に見えないものがあると恐れと不安で、小さいサイズの問題もますます大きく思えてしまいます。逆に言うと、目に見える形にすれば、不要な恐れと不安を和らげることができます。そこで、登場するのが「ノート」です。**ノートに問題点を書き出すことで、問題の本質を突き止め、問題のサイズ感を把握します。**

私たちは、「うまくいってないな」という感情を持つと、すべてが問題かのように思えてしまいます。また、冷静なときは大きな問題に感じないことも、一度冷静さを欠くと小さな問題さえ大問題に捉えてしまいます。しかし、他人から見れば「それって、本当に問題と言えるだろうか？　悩むほどでもないのでは……」と、思うようなことがあります。こんなときノートを使うと他人視点（客観視）に切り替えられるので、問題解決に冷静かつ具体的にあたりやすくなります。

そもそも「問題」とは、どのようなものなのでしょうか？　私が考える**「問題」の定義は「あるべき姿と現状のギャップ」**です。

この定義からすると、今、あなたが捉えている問題は、本当に問題と言えるでしょうか？

例えば、ダイエットをがんばろうと思っているのに、いつまでも体重が現状の68キロから減っていないというのは問題とは言えません。

問題は、なんとなくの抽象的なイメージのまま解決しようとすると、なんとなくの抽象的な解決策しか出てきません。具体的な解決策を見出すためには、具体的に解決すべき問題を特定する必要があります。
この場合、65キロをあるべき姿に設定しているとすれば、現状は68キロなので3キロのギャップが生じていることが問題となります。

それでは、実際にあなたが今抱える問題を明確にしていきましょう。まずはノートを準備してください。

準備ができたら、タイトルを書き、補助線を真ん中に縦に1本引いて左右2分割にします。また、ページ下部には横線を引いて、全体の20～30％ほどのスペースを作ります。

**右側には本来の「あるべき姿」を、左側には「現状」を思いつくまま書き出します。ページ下部には「解決すべき問題」として、あるべき姿と現状で生じているギャップを書きます。**

最近、仕事のスピードが上がらず決めたことが毎日未消化のままに終わってしまい、特に提案書の作成に時間がかかっているとしましょう。

このとき、提案書の作成の「あるべき姿」が30分で完成させるというもので、「現状」が60分かかっていれば、「解決すべき問題」は30分のギャップということになります。

イメージや感覚だけで捉える場合、「提案書の作成にいつも時間がかかるな、次こそがんばろう」と気持ちを引き締め直すだけで、具体的な解決策までつながりません。

「今、かかえる問題の本質は何か？」
〈現状〉
・＊＊＊＊＊
・＊＊＊＊＊
・＊＊＊＊＊
〈あるべき姿〉
・＊＊＊＊＊
・＊＊＊＊＊
・＊＊＊＊＊
〈解決すべき問題〉
＊＊＊＊＊＊＊＊＊＊＊＊＊＊＊＊＊＊＊＊＊＊＊＊＊

30分のギャップという具体的な問題点をあぶり出すからこそ段取りにミスがあったのか、スキルが足りていないのかなど原因が明確になるのです。そして、段取り方法を変えるか、スキルを上

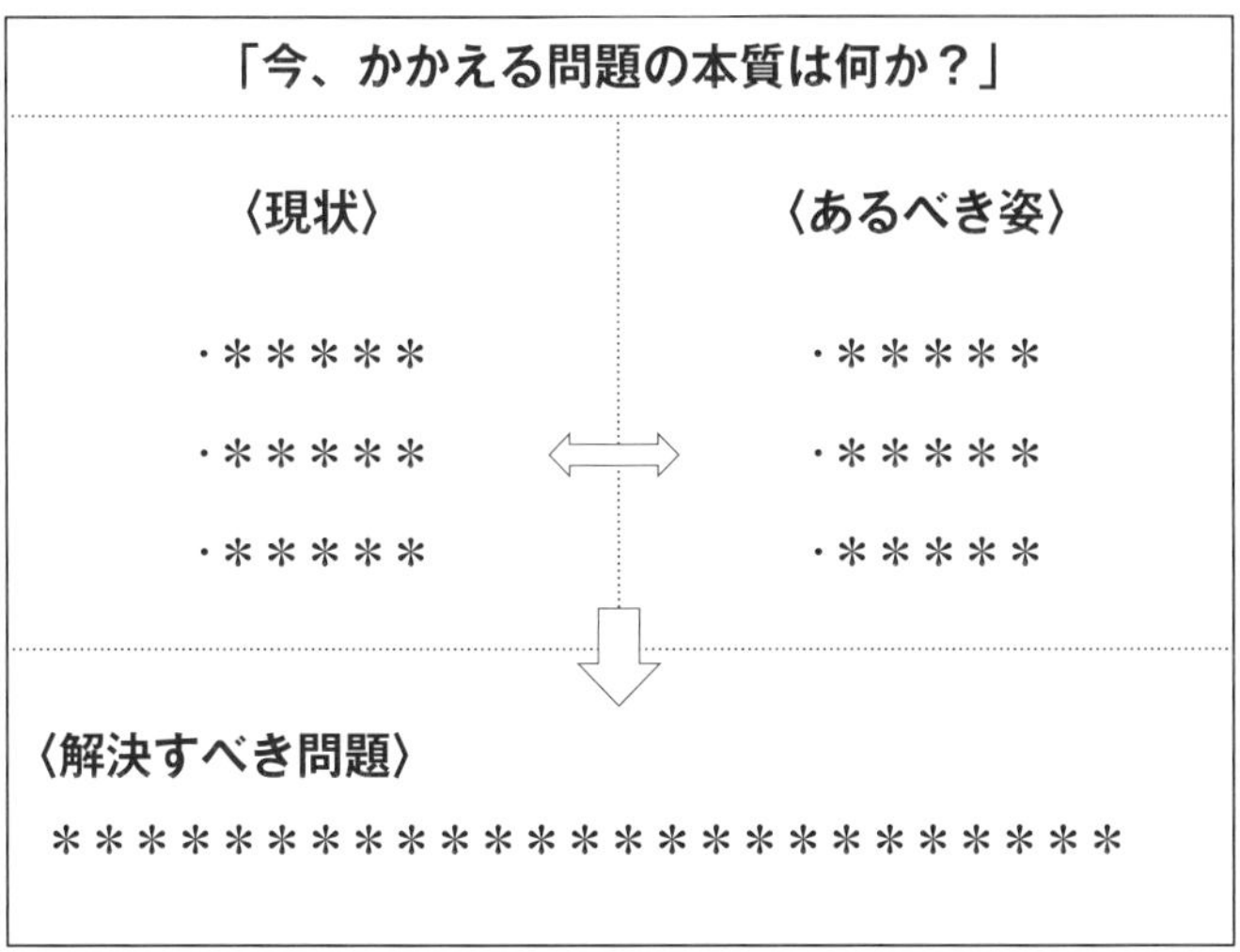

げるかなどの具体的な解決策につなげていくことが可能になります。

このように、**現状だけを感覚や感情だけで捉えず、本来の「あるべき姿」を明確にすること（確認し直すこと）で、はじめて解決すべき問題が明確になります。**もし現状がうまくいってないなと感じたら、「あるべき姿」を再確認してください。「あるべき姿」がなければ、設定してみてください。

「あるべき姿」から現状を見ると、うまくいってないようで、実は着実に前進していることに気づく場合もあるでしょう。また数字で表現することにより、問題のサイズ感が特定できるため、そこまで悲愴になるレベルの大問題ではないことに気づけるかもしれません。

ノートに書く際に注意して欲しいことがあります。

**「あるべき姿」には、「できること」よりも「ありたい姿」を書いてください。**できることだけを書いていても、理想に近づかないからです。

また、**できる限り数値で書いてください。**「きちんと○○」や「たくさん○○」という抽象的な言葉では、問題が生じても何が問題の本質なのか見えにくいままになるからです。

**「現状」箇所の書き方も、事実情報で書き込むことが重要です。**先ほどの提案書作成の事例で言うと、「すごく提案書の作成に時間がかかっている」ではなく、「平均すると、この1週間、作成に60分かかっている」と記述します。こうすることで、正しく問題が特定できます。

問題を認識して「次こそがんばろう」と気持ちを切り替えることは大切なのですが、意識や気持ちに頼るだけでは、具体的な解決までの道筋を見つけることが難しいものです。人間の気持ちとはあやふやなもので、いつも調子がいいとは限りません。**常に問題を解決してくれるのは、具体的な行動だけです。**

**あるべき姿と現状のギャップを見える化し、解決すべき問題をあぶり出す**

## 2 思い込みを外せば悩みが消える「アンコンシャスバイアスノート」

ここまで、ノートを使えば解決すべき問題が明確になるとお話ししてきましたが、問題点を具体化する以前に問題が起きることを防ぐ方法はないものでしょうか？　私は長年ずっと考えてきました。そして、あるとき気づいたのです。**自分が問題だと思っていたことは、実は問題以前に単なる「思い込み」である**ことに。

猛暑の夏の日のことです。あるクライアント先を訪問し、会議室に入ると蒸し風呂のような暑さでした。そこで、エアコンをつけて快適な状態にしてから会議をはじめることにしたのですが、エアコンのリモコンには「温度設定は28℃にすること」という注意書きのテプラが貼ってありました。

ところが、猛暑日は、28℃にしても暑くて仕事に集中できないときがあります。そこで、先方と「なぜ、28℃以下にしてはいけないのでしょうね？」と話し、その場ですぐに調べてみました。すると、驚くことがわかったのです。

実は政府が推奨してきたクールビズ運動は、「28℃以上の室温でもすごせるように軽装にしよう」というだけで、エアコンの温度を28℃にするルールではありませんでした。また、28℃ではなく〝28℃以下〟にしてもいいことや、義務ではなく〝推奨〟であったこと、エアコンの温度ではなく〝室温〟の温度の目安にすぎなかったことなど、他にもわかったことがあります。

つまり、「エアコンの温度設定を28℃にすべき」というのは単なる「思い込み」だったのです。この思い込みには、いくつかの理由がありました。「政府が推奨しているから正しいのであろう」「28℃という数字で表現されているから科学的根拠があるはずだ」「他社も同じく28℃設定なのできっと間違いない」「温度設定するのは環境に優しいので正しい行動だ」など、多重的な理由で、私たちの思い込みを作り出していたのです。

もしも、はじめから思い込みがなく、実態を知っていたとすればどうでしょうか？

エアコンの温度について不快な思いをすることも、問題視する時間をとらなくてすんだはずです。

このように、**実態を冷静に把握することなく、大した問題でもないことを「思い込み」によって自ら問題化してしまうことがある**のです。これら、なんとなく無意識のうちに思い込みを持つことは**「アンコンシャスバイアス（無意識のうちにできる偏った思い込み）」**と呼ばれます。

このアンコンシャスバイアスは、私たちの周りにたくさん存在しています。

例えば、「血液型で相手の性格を判断してしまう」「九州出身の人は酒が強いと思う」「技術系の人はコミュニケーション能力が低いと思う」「学歴が高い人は能力も高いと思う」「ＩＴ技術はすべてシリコンバレー発だと思う」挙げればキリがないほど無数にあります。あなたも何か心当たりがあるものはありましたか？

これらアンコンシャスバイアスが普段の生活や人とのかかわりの中で出てしまうと、偏見や差別を生み、自己肯定感が低下したり、人間関係や取引関係にひびが入ったりします。また、各種ハラスメントを引き起こし、やがて会社組織もギスギスとした空気に変えてしまいます。何も問題がなかった日々が、いつのまにか重大な問題を引き起こすリスクさえ生むのです。

**アンコンシャスバイアスが難しい点は、無意識のうちに持っている思考のクセのため、自分自身では気づきにくいことです。**さらに、無意識のうちに問題を悪化させてしまうことが起こりうるのです。

そうであるならば、対処方法は1つです。**無意識（目に見えない）のものを意識化させる（目に見えるようにする）**のです。

アンコンシャスバイアスが色濃く出てしまうときは、言葉に表れます。

例えば、「普通は○○」「みんな○○」のように価値観を決めつける言葉や、「こうに決まっている」「それはありえない」など解釈の押しつけ言葉、「どうせ自分には無理だ」「我が社には現実的ではない」など実現性の決めつけ言葉、「こうすべきだ」「○○でなければならない」のように理想の押しつけ言葉などです。（『「アンコンシャス・バイアス」マネジメント』守屋智敬著・かんき出版）

無意識のものは気づきにくいのですが、これらの言葉を使っていないかどうか、毎日ノートを使って振り返れば気づきやすくなります。「今の会話はアンコンシャスバイアスではないかな？」という自問自答を日常繰り返し、1週間だけでも日記形式でつけてみることをおすすめします。いかに自分が、アンコンシャスバイアスに捉われているかに気づくことでしょう。

私の場合は、3年ほど前に実験的に日記を1週間つけてわかったことがあります。お恥ずかしいことに1日平均5回、1週間平均で30～40回もアンコンシャスバイアスのセリフを発していたのです。また、「普通は○○」という言葉を意識的になくしていたはずですが、「一般的には○○」という言葉にすり替わっていただけなど、愕然とした記憶

**「今週発した思い込みの言葉とは？」**

| 〈月〉 | 〈火〉 | 〈水〉 | 〈木〉 | 〈金〉 | 〈土〉 | 〈日〉 |
|---|---|---|---|---|---|---|
| （セリフを入れる） | | | | | | |
| ・＊＊＊ | ・＊＊＊ | ・＊＊＊ | ・＊＊＊ | ・＊＊＊ | ・＊＊＊ | ・＊＊＊ |
| ・＊＊＊ | ・＊＊＊ | ・＊＊＊ | ・＊＊＊ | ・＊＊＊ | ・＊＊＊ | ・＊＊＊ |
| ・＊＊＊ | ・＊＊＊ | ・＊＊＊ | ・＊＊＊ | ・＊＊＊ | ・＊＊＊ | ・＊＊＊ |

**〈気づき・反省点とは？〉**

があります。

私たちは、日常生活や仕事など他人とかかわる中で問題が起きますが、実は**「アンコンシャスバイアス」によって自分自身が勝手に問題を引き起こしているだけなのかもしれません。**

回数の多い少ないはあっても、アンコンシャスバイアスは誰の中にも少なからずあります。だから、あるかないかよりも、自分で気づくかどうかが大切なことなのです。

問題を未然に防ぐためにも、ためしに1週間「アンコンシャスバイアスノート」をつけてみましょう。

**自分の思い込みのパターンを知っておけば、問題発生を予防できる**

# 3

## コントロールすべき問題を具体的にする「問題解決ノート」

「辛い、苦しい、悲しい……人間が一番大変なとき、何の役にも立たないのは、大騒ぎするだけの、マイナスの感情です。役に立つのは強く、楽しく、明るく……そっちへ切り替える理性なのです」

これは俳優・美輪明宏さんの言葉です。簡単ではないものの、あるべき姿として私は強く共感しています。

でも、実際に切り替えるのは難しいですよね。

仕事が立て込んでいるときに、家庭では心配事や問題が勃発。もっとも頭を悩ますのがこういった「公私」同時に問題が起きるときです。こんなときに、誰かに怒りをぶつけてしまっては、ますます状況は悪化するばかり。すぐにクールダウンさせて次への打開策を見出す必要があります。

考えてみると問題が起きたとき、私たちは自分ではどうにもならないことまでがんばって解決しようと意気込みます。いつの間にか、いっこうに解決しない問題に対して焦りを感じ頭が熱くなってきます。しかし、**自分でコントロールできないことまで執着してがんばってもどうしようもありません。**

本書を執筆しているときは雨が続く梅雨の時期でした。残念ながら嘆いてみても自分の力で晴れに変えることはできません。前作を執筆のときは、運動中に足をねん挫してしまったのですが、ケガをしてしまった過去を変えることはできません。残った手足で日常生活をがんばり、執筆をやり遂げるしかありませんでした。

このように**問題の中には、自分でコントロールできることと、できないことがあることをまずは受け入れることです。**

『ビジネスエリートになるための教養としての投資』(奥野一成著・ダイヤモンド社)の中では、「有能の境界」というコンセプトが紹介されています。

ここでは、横軸に「将来」「過去」を、縦軸に「自分」「他人」をとって4象限のマトリクス状に分けます。

左下の「他人の過去の出来事」は他人の失敗などです。今これを掘り起こしてとがめても何の前進もありません。

左上の「自分の過去の出来事」は、自分の失敗や挫折を意味します。起きてしまった事実は変えようがありません。嘆いても叫んでも、もう変えられないのです。

右下の「他人の将来の出来事」は、他人に期待し影響を与えることはできても完全にコントロール下に置くことはできないし、するべきでもありません。

こうなると、残る「自分の将来の出来事」だけが、唯一主体性をもってコントロールすることができることです。もっと言えば、自分で問題を解決して可能性を広げていく

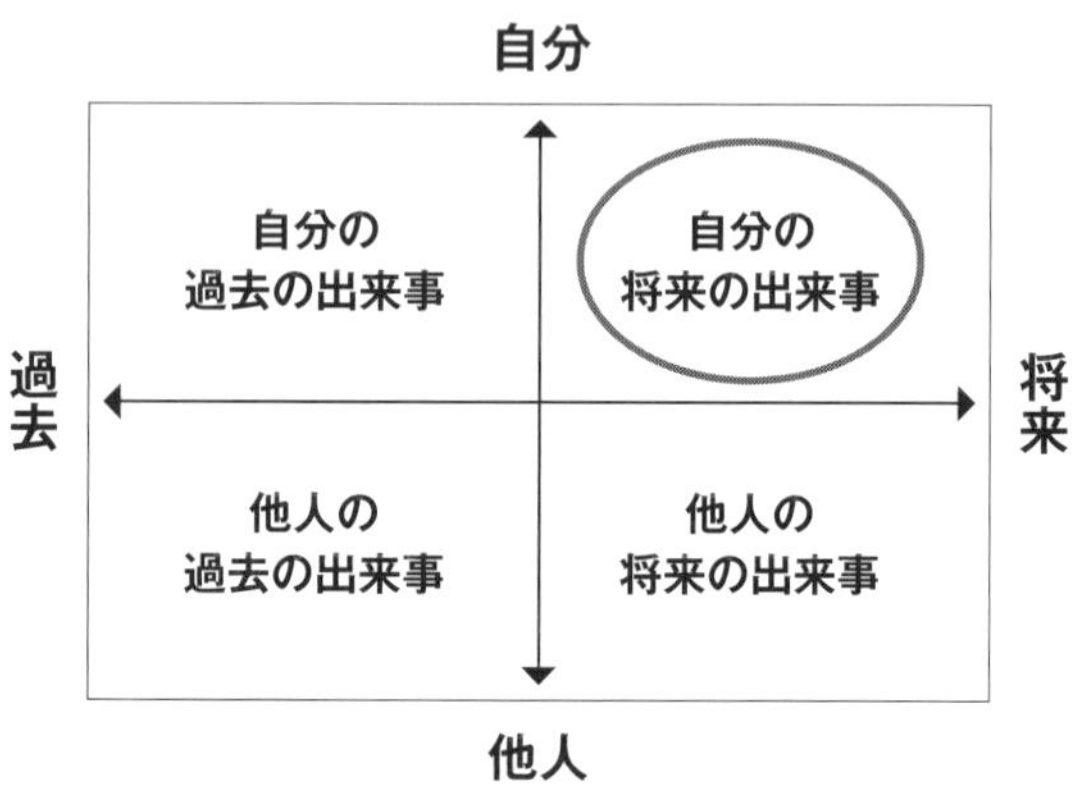


『ビジネスエリートになるための教養としての投資』
（奥野一成・ダイヤモンド社）より引用

ことができる領域です。

何が言いたいかというと、問題に直面したときは、コントロールできることと、できないことを仕分けすることが大切というわけです。

問題の仕分けは、ノートを使って進めます。頭の中で思い浮かべるだけではなく、実際に書き出すことで、今自分がフォーカスすべきことが見出しやすくなります。これを**〝問題解決ノート〟**と呼んでいます。

問題解決ノートでは、4分割して、「はじめの一歩目」まで絞っていきます。

まず、ページ上部にタイトル（今回は「今抱える問題を打破するには？」）をつけて、何の思考整理をするのかを明確にします。**表の左上には、思考を整理した上で何を目指すのかを赤字で記入**（「こう着状態の打破」）**します。**

**表の左半分は頭の中のモヤモヤを書き出します。**仕事（公）の話か、個人（私）の話かについて分けて書くとより整理がしやすいでしょう。いずれか一方だけの場合は左半分をすべて使っても構いません。

次に、書き出した内容をもとに、右上の表内に「分（分類）」と書き、「コントロール可／コントロール不可」という項目に分けます。**何に集中すれば前進できるかを明らかにした上で、「公」と「私」それぞれ1つずつ実現度が高い最優先事項を直感で1つに絞ります。**

まとめとして右下に書く行動策（はじめの一歩）は、抽象的な内容ではなく、**期限を区切り動作や作業レベルまで落とし込む**ことがコツです。

このサンプルは実際に私が公私ともに苦しい状況に追い込まれたときに書いた内容で

**「今抱える問題を打破するには？」**

①表の左半分はモヤモヤを書き出す
※公私は分けなくても可
③左の表からコントロール「可」「不可」に分ける
Goal「こう着状態の打破」
公
✓来年度のプロジェクトが未着手のまま
・オンラインによる新サービスの企画が行き詰まり
・提案書作成に時間が取られすぎる
・取引先とのやりとりの回数が多すぎる
私
✓親の病気が心配
・旅行計画が大幅修正に（いつ？どこ？予算は？）
・オンライン仕事中心で体力低下、どうする？
・資産形成のための投資先をどこにしよう
・コロナ禍で延期したイベントをどう再開すべきか
分
コントロール可
コントロール不可
課題多過ぎ問題
公
・プロセス設計
・ToDoリスト化
・計画書作成
・コロナ情勢
・ニーズの変動
・スタッフの人選
私
・見舞い回数を増やす
・LINE通話活用
・病状・病院が遠い
・治療の経過
動
「はじめの一歩は？」
公 新プロジェクトのプロセスを明確に、行程表を今日午後7時までに作成
私 お見舞いの日程決めて、出張日と帰省日を調整の上、1時間以内に切符を予約
②気になることを直感で1つに絞る
④どう具体的な行動につなげるか目の前の第一歩を決める

す。ノートを書いたことにより、今自分が集中すべきことが見つかり、プレッシャーからも解放されて難局を乗りきることができました。

**大切なことは、ノートの書き方そのものよりも、問題を仕分けすることで「自分はコントロールできない問題に、いかに固執しているか」と気づくことです。**

難題が降りかかってくると、モチベーションを上げて……スキルを上げて……とやみくもにがんばろうとする人がいます。しかし、自分でコントロールできないことに時間を割くよりも、コントロールできることに視点を切り替えたほうが打開策は見出せます。〝問題解決ノート〟は、整理していく過程で視点を切り替えることに効用があるというわけです。

最後に、アメリカの神学者ラインホルド・ニーバーが伝えたとされる『ニーバーの祈り（Serenity Prayer）』の一説をご紹介してこの項を締めたいと思います。

「神よ、変えることができないものを受け入れる冷静さを私たちに与えてください。変えることができるものについて、それを変えるだけの勇気を与えてください。そして、変えることができるものと、変えることができないものとを見分ける賢さを与えてください」

## コントロールできない問題に執着しないこと

# 4 他者からのアドバイスで問題解決を図る「コーチングノート」

問題が起きたとき、感情に振り回されずにノートを使って冷静に対処しようということは、私が一貫して主張しているポリシーです。ただ、そうはいっても自分ひとりでどんな問題も対処できるかといえば、ことはそれほど簡単ではありません。自分ひとりでできることは知れているからです。

トップアスリートや売れっ子芸能人、大物経営者であれば、コーチやカウンセラーなどプロのサポーターがついていることもあるでしょう。しかし、多くの人は個人的にプロのサポーターをつけてはいません。

そこで、自分の周りの人から意見をもらい問題解決を図っていきます。そのときに使うのが**「コーチングノート」**です。

**「コーチングノート」とは、文字通り問題解決の糸口が得られるように、他人の視**

**点も入れて作っていくノートです。**自分の問題点をリストアップし、自分で考えた解決策と、他人にアドバイスをもらった解決策を書き込むことで、客観性は高まるだけではなく知恵も倍増しますので、一石二鳥とも言えるでしょう。

　私は、7年ほど前、当時手がけていたコンサルタント業が行き詰まり、今後の事業展開をどうするべきかと悩んでいたことがあります。その際、ノートを取り出し、現状の問題点や突破法を書き出すつもりが、ほとんど書けませんでした。

　そこで、友人、先輩、取引先で関係が深い人など4人に声をかけ、あつかましくもアドバイスをいただくことにしたのです。言葉が持つ影響力は大きいはずと考え、その集まりを「言霊（ことだま）の会」と名づけていたほどです。

　アドバイスをいただくだけではなく、ポイントを私のノートに直接書き込んでいただき、激励の一言と署名、日付を書いてもらうところまでお願いしました。これはある意味寄せ書きのようなものなので、解決策の知恵が増えただけでなく、精神的にも大きな助けとなったのです。

　その後、コンサルタント業から人材育成事業に完全に仕事内容をシフトすることになり、事業は急拡大。こうして本書を執筆するまでになっているわけですから、コーチングノートによる影響ははかり知れません。

ノートの書き方は次のとおりです。

まず、冒頭にタイトルを書き、補助線を縦に2本引いて3分割します。一番左側には今解決したい問題点を、真ん中の欄には自分なりの解決方法のアイデアを、右側には友人・知人など相談に乗ってくれている方からの解決のアドバイスを書き込んでもらうスペースを作ります。

**一番左の「問題点」の欄には、以前**

**「いかに問題を解決するか？」**

| 〈問題点〉 | 〈解決策：自分〉 | 〈解決策：他人〉 |
| --- | --- | --- |
| ＊＊＊＊＊ | ＊＊＊＊＊ | ＊＊＊＊＊ |
| ＊＊＊＊＊ | ＊＊＊＊＊ | ＊＊＊＊＊ |
| ＊＊＊＊＊ | ＊＊＊＊＊ | ＊＊＊＊＊ |

**セルフコーチング**　**他人コーチング**

**お話ししたように「あるべき姿」と「現状」の「ギャップ」を明確にして書き込みます。**そこまで明確にならない場合は、箇条書きでリストアップしたり、思いのまま書き出しても構いません。

また、それは自分でコントロールできる問題かどうかもチェックしておきましょう。力不足で解決できない問題という意味ではなく、起きてしまった過去や他人の性格など、どうしても変えることができないものです。これらは書いても仕方がありません。

次に、**真ん中の「解決策：自分」欄には、自分なりの解決策を書き出します。**この場合の注意点は2つあります。**「① 実現性はいったん無視」「② 賢人になったつもりで書く」**の2つです。

実現性から考えると難題の場合、何もアイデアが出てきません。しかし、実現性は今はとぼしくても、「人・金・時間」などを調達すればあとで実現性は上げていくことも可能です。だから、実現性にこだわりすぎずに自由に書き込んでいきます。

また、自分の感覚だけで書いていくと、これまでの経験の延長線以上の解決アイデアがでなくなる恐れがあります。

そこで、第三者視点で自分なりに客観的な解決策を考えてみます。

例えば、学生時代の部活の顧問だったらどんな指導をするだろうか？　坂本龍馬だったらどう行動するだろうか？　将棋の藤井聡太棋士だったら、次にどのような一手を繰り出すのだろうか？　などと自分が賢人や憧れる人の視点になりきります。こうすることで、自分が考えるにしても少しでも客観的かつ俯瞰的な視点に立って解決策を出しやすくします。

最後に**一番右の「解決策：他人」には、文字通り自分の周りの頼れる人からのアドバイスを書きます**。ポイントは寄せ書きのように手書きでご本人に直接書き込んでもらい、重みを出すことです。

〝周りの頼れる人〟の明確な定義はありませんが、プロのコーチやカウンセラーがいなくても、腹を割って話せる「親友」、尊敬できる「先輩」、遠すぎず近すぎずで客観性を担保できる「知人」など異なるタイプの人が望ましいです。

タイプが似通った3人だとアドバイスの内容も似るため、異なるタイプの人から意見をもらって書き込んでもらいます。

問題解決で大切なことは、必ずしもプロの意見ではありません。客観的な視点が最も欲しいものなので、相手がプロである必要はないのです。

**リストアップした問題に対して、自分が賢人になったつもりで書きこむことを〝セルフコーチング〟と捉え、頼れる周りの人からのアドバイスを〝他人から受けるコーチング〟と捉えれば、共著による「コーチングノート」になってくれるのです。**

**ノートには他人のアドバイスを直接書き込んでもらう**

# 5 逆の発想から解決に導く「やらないことノート」

解決案で名案が出てこなくて行き詰まった場合のお話もしておきましょう。

私は即座に、「やらないこと」は何かを明確にしていきます。消去法です。**「やらないこと」を明確にすれば、逆に「やるべきこと」が残ってあぶり出されていきます。**

問題解決の案を考えるとなると、何かプラスアルファでこれまでになかったものを生み出すようなイメージを持たれるかもしれません。しかし、物事には必ず表裏や陰陽の両面がありますので、プラスではなくマイナス（引き算）をして生み出すものもあるということです。

実は、私も「やらないこと」を明確にすることで、仕事の行き詰まりを突破してきたうちのひとりです。

起業して2年ほど経った頃、ご縁があってコンサルタント業に足を踏み入れたのですが、当時26、27歳の人間に経営のアドバイスを依頼する会社など存在するはずもありません。とにかく顧客を獲得しなければと焦った私は、ＤＭや電話アポ、異業種交流会で名刺をばらまくなど、猛烈にプッシュする営業をかけていました。でも、なしのつぶて。とうとう行き詰まってしまい、これ以上「やるべきこと」を重ねても埒（らち）が明かないと考え、逆に「やらないこと」を明確にすることで新たな解決策の模索をはじめました。

何の力もない若造がプッシュ営業をしても相手にしてくれないので、いったんやめてみました。プッシュ営業をやめれば必然的に残る方法は「プル営業（引いて待つ営業スタイル）」です。経営者が興味を持ちそうな情報を取りまとめてメール配信したり、サイト上で日記（当時はまだブログが誕生する前の時代）を書いたりする方法へ切り替えたのです。

これは効果てきめんでした。やらないことを明確にして残された策を愚直に行うことで、問い合わせが急増していったのです。世間のこうするべきだという声に同調して、苦手なプッシュ営業をやっていたのが間違いでした。

5年ほど前に私のセミナーを受講された方は、IT系のサービスで起業され、それなりに食えてはいるもののブレークしない様子。「今後の方向性に行き詰まっているんです」と肩を落としてこられたので、「『やりたいこと』が見つからなくても『やらないこと』リストを作って逆からアプローチしてみては？」と提案。

その方は、アップル社のように個人のライフスタイルを変えるモノ作りをしたいと言っていましたが、実際は違いました。個人客からの過剰なクレームや在庫を持つような商売は避けたかったのです。このような整理から、企業向けのオンライン用のソフトを代理店を通じて提供する方向に固まっていきました。

それでは実際にノートを使って「やらないこと」の明確化による問題解決法を見ていきましょう。

ページの真ん中に縦線を1本引いて左右に分割するだけのシンプルなものです。**左側には「やらないこと／やりたくないこと」を、右側には「やるべきこと／やりたいこと」をリストアップしていきます。**

注意点は**必ず左側から書く**ことです。左側のリストアップによって「やるべきこと

／やりたいこと」が結果として浮き彫りになるようにしていきます。

「やらないこと／やりたくないこと」欄は思いのまま自由にリストアップしていいのですが、代表的なものは3つあります。**「①解決に直結せず捨てるべき選択肢」「②他の人でもできること」「③今すぐできないこと」**です。

問題解決のテーマは、ビジネスやキャリアのようなものから日々の業務、家庭内のルール作り、人間関係、筋トレまで幅広く応用が可能です。

ボディビルダーの選手と野球選手はともに日々筋力トレーニングをしています

**「やめてもいい解決策とは？」**

| 〈やらないこと／やりたくないこと〉 | 〈やるべきこと／やりたいこと〉 |
|---|---|
| ******* | ******* |
| ******* | ******* |
| ******* | ******* |
| ******* | ******* |

が、鍛える箇所が違います。競技が異なることで使う筋肉が違うからです。大会での優勝を目指すことは同じでも、筋力トレーニングでは「やらないこと」を明確にして、勝つための筋トレ方法だけに集中します。

これは問題解決でもまったく同じことです。**本来やらなくてもいいところに力を割いても、問題が解決しないか解決に時間がかかりすぎてしまいます。**これでは**〝筋が悪い努力〟**というものです。

問題の解決策は、問題を解決するための戦略とも言えますが、「戦略」は〝戦を省略する〟という解釈があります。省略することによって、問題との有効な戦い方が浮き彫りにできるのであれば、このアプローチを使わない手はありません。

## やらないことを明確にすれば名案が出てくる

# 第7章

# 勝利をたぐり寄せる「プレゼンノート」

# 1

# プレゼン前に勝負は決まっている「戦略ノート」

プレゼンの勝負は、事前のノートで決まります。

多くの人はプレゼンというと、「何を話すか？　どのように話すか？」の2点のみに意識がいきます。しかし、いくら資料を準備して話し方のトレーニングを受けたとしても、なかなかうまくはいかないでしょう。そこには戦略がないからです。

単に話し方がうまくなっても、スピーチコンテストに出場するのであればいいのですが、仕事で結果が出なければ、「単に話がうまいだけの奴」という烙印を押されてしまいます。仕事で必要なプレゼンとは、「成果を勝ち取る」ことです。うまく話せても、目的が不明確だったり、相手のニーズとズレていたら、成果を勝ち取ることはできません。

**プレゼンで成果を勝ち取る人は、資料作りや話し方を考える前に十分、ノートの上**

**で戦略を練ります。**パワーポイントを起動する前にノートで戦略の構想を練るわけです。

**戦略とは、「明確なGoal設定」と「誰に、何を、どのように伝えるか？」です。**

あなたは、プレゼンの前にノートを使って戦略を立てていますか？

実は、**ノートを使って戦略を立てるのはプレゼンだけではありません。提案、依頼、交渉、会議などのシーンでも行うべきことです。**

事前にノートで戦略を組み立てるには、まず明確な「Goal設定」を行います。

**Goalとは、「目的」と「目標」の2つ**

**「勝てるプレゼンの戦略とは？」**

| 〈目的は？〉 | 〈目標は？〉 |
|---|---|
| ＊＊＊＊＊＊＊＊＊＊＊＊＊ | ＊＊＊＊＊＊＊＊＊＊＊＊＊ |

| 〈誰に？〉 | 〈何を？〉 | 〈どのように？〉 |
|---|---|---|
| ＊＊＊＊＊<br>＊＊＊＊＊<br>＊＊＊＊＊ | ①＊＊＊＊＊＊<br>②＊＊＊＊＊＊<br>★③＊＊＊＊＊＊<br>④＊＊＊＊＊＊ | ＊＊＊＊＊<br>＊＊＊＊＊<br>＊＊＊＊＊ |

です。**目的とはこのプレゼンは「何のために行うのか」、目標とは「何を得ることが成果なのか」です。**

仕事柄、クライアント先でプレゼンの現場に同席することがあります。プレゼンが上手な人も多いのですが、プレゼンを聞く上司側の表情はさえないことが多くあります。「キミの提案は内容もいいし、話もわかりやすいね。ところで、私はどう動けばいいの？」と。

話し方は上手でも、何を Goal にしたプレゼンかが相手に伝わらなければ、反応に困るというわけです。

例えば仕事であれば、『目的：予算の承認を獲得するため』『目標：１００万円の予算を５００万円までの増額で決裁をもらう』なのか、『目的：提案内容のテスト営業に上司をまきこむため』『目標：役員にテスト営業を行う大手10社の商談に同行してもらう約束をとりつけること』なのか、**「行動レベルの Goal」まで踏み込むことで、はじめて成果を勝ち取れます。**

次に**「誰を」相手にしたプレゼンなのかを吟味しましょう。**相手によって伝え方が変わるためです。

もっとも伝えたい相手は誰ですか？　相手が複数いる場合は、誰が成果を得る上で一番影響力を持っているか（例えば役職者、決裁権限を持つ人など）を考えます。

また、相手のバックグラウンドや知識レベル、どのような言葉づかいを好むかなど、相手の情報（例えば、論理的、分析好きなど）を徹底的に集めて記入しておきましょう。相手の特性によって伝え方、刺さる言葉が変わってくるからです。

さらに、**「何を」伝えたいのか、骨子だけの箇条書きレベルで構わないので抜け漏れがないようにリストアップします。**

その際に、どの順番で伝えると一番効果的なのか、番号を振っておくといいでしょう。

例えば何か新たな企画を提案する場合、メリットとデメリットはどちらから伝えればいいかなどです。順番によって相手が受ける印象は変わってきます。また、最重要項目だけは★印などをつけて明確にしておくことで、相手にインパクトをもった伝え方ができます。

最後に**「どのように」伝えるかを構想してメモしておきます。**ここでは細かい話はさておき、相手の特性（ニーズや好みなど）を踏まえて伝え方の工夫やアイデアを書きます。

例えば、「相手は簡潔な話を好むので、要点だけ話して、詳細は質疑応答で進める」や、「相手は文字ではなく直感的なイメージを重視するので、図を多めに入れた資料を添える」などです。

このように、プレゼン前のノートで勝負の9割は決まるのです。話し方は1割程度の影響力しかないといっても過言ではないでしょう。

## プレゼンはノートで事前に戦略を立てる

# 2 一言で言うと何？「キャッチフレーズノート」

さて、ノート上で戦略を立て終わったら、次に**「伝えるべき内容」を整理していきます。**その際のポイントは、**「簡潔性」**です。あなたの周りには「いろいろと話しているけど、結局、この人は何が言いたいのだろう?」と思えるような人はいませんか?

私はクライアント企業の会議に同席することもありますが、参加者の報告などを聞いたあと、開口一番に出すセリフはいつも同じです。**「内容をもっと簡潔に一言で言うとなんですか?」**。

これは嫌がらせではありません。簡潔に一番大切なことを即答できないのなら、それは話し方が悪いのではなく、話の重点部分が明確になっていない証拠です。だからこそ、中身の見直しにも有効な質問なのです。

これだけ情報過多の時代に「あれもこれも」とたくさん伝えたら、聞き手はお腹いっぱいで消化不良を起こしてしまいます。そこで、簡潔であっても全体像がつかめ、なおかつ重要な点が理解できる一言が大切です。

例えば、ヤフーのトップ画面に表示されるニュース見出しの文字数は「14・5文字」（2021年現在）という規定があるそうです。見出しを認識する速さと、記事内容を正確に理解できる文字数をヤフー社員と一般ユーザーにアンケート調査した結果決まったそうです。

**パッと見てわかるというのが重要です。**テレビCMの場合は、15秒です。15秒で商品がどのような特徴なのかを理解できるようにしてあります。プレゼンも同じで、20文字以内のワンフレーズや15秒以内でパッと聞けば概略や重要なことが理解できるのが好ましいです。

そうはいっても、「たくさん伝えたいことがある場合どうするの？」と思うでしょう。

鍵を握るのは、**「要するに○○」「一言で言うと○○」で語れるようにする**ことです。

理想は頭の中で自動で簡潔に変換できることですが、慣れない間はノートを使って〝自主練〟をします。

今でこそ私は年間100回以上も講演や研修で簡潔に話す仕事をしていますが、かつてはダラダラ話していたので、聞き手は皆、眠い表情に変わってしまう始末。

そこで私は、簡潔でもパワフルに魅力的に伝えたい、聞き手も引き込みたいと考え、人前で話す前には必ずノートで整理してから臨むようにしました。毎日のようにノートで〝自主練〟を積みはじめてから3か月くらい経つと、簡潔に話すプロとして講演や研修のオファーがひっきりなしにくるようになったのです。


ノートは、タイトルの下を3分割にして3ステップ式で簡潔にします。

はじめに、**「言いたいこと」という欄を設け、もっとも伝えたい箇所を順不同でもいいので思いのまま書き出します。**

この段階ではキレイに文章が整っていなくても、まったく問題ありません。ただ、伝えるべきことが抜け漏れなく織り込まれていることが大事です。

次に**「言いたいこと」欄の文章の中から、「ポイント」欄にポイントのみ抽出してい**

「○○を簡潔に言うと？」

〈言いたいこと〉

＊＊＊＊＊＊＊＊＊＊＊＊＊
＊＊＊＊＊＊＊＊＊＊＊＊＊
＊＊＊＊＊＊＊＊＊＊＊＊＊
＊＊＊＊＊＊＊＊＊＊＊＊＊
＊＊＊＊＊＊＊＊＊＊＊＊＊
＊＊＊＊＊＊＊＊＊＊＊＊＊

〈ポイント〉

・＊＊＊＊＊
・＊＊＊＊＊
・＊＊＊＊＊

〈要するに何？一言で言うと何？〉

＊＊＊＊＊＊＊＊＊＊＊＊＊＊＊＊＊＊＊＊＊＊＊＊＊

〈iPodのポイント〉

- 他社製品のわずか20%の大きさ
- ５ＧＢの薄型ハードディスクに最高1000曲までのＣＤ品質の保存
- 音飛びを防ぐ機能で走ったりしながら再生可能
- 充電可能なバッテリーを採用し、最高10時間連続再生が可能

〈要するに何？〉

「**1000曲をポケットに入れて運べる**」商品です。

**きます**。箇条書きにすることで前後の不要な表現を省いて、大事な内容を浮き彫りにします。

この段階では、箇条書きの順番（話す優先順位）にこだわらなくてもいいです。あくまでも、簡潔に全体像を伝えられるようにするためです。

最後に**箇条書きされたポイントの一覧から、「要するに何？　一言で言うと何？」欄に簡潔なフレーズを導き出します**。

- **一番大切な箇所はどれか？**
- **短く言い換えができる言葉はあるか？**
- **全体を包括する言葉は何か？**

という3つのチェックポイントを意識して、簡潔な言葉を考え抜きます。

アップル創業者であるスティーブ・ジョブズの伝説的プレゼンは、今でも色あせません。2001年に発売された音楽専用端末の初代 iPod、世界中の老若男女に新たな発想の商品を理解してもらうには長々と説明してもきっと理解されなかったことでしょう。そこで、代表的な特徴を簡潔に誰もがわかる言葉で世界に向けてジョブズ氏は語りました。

「1000曲をポケットに入れて持ち運べます」。

初代 iPhone を発売した際は、

「電話の再発明をしました！」

と表現するなど、簡潔な言葉は度々世界に広がっていきました。

注意点は、**短くするだけではなく、断定口調で「言いきる」**ことです。「○○だと思います」ではなく「○○です！」。「○○を提案したいのですが……」ではなく「○○を提案します！」。このように短く言いきることで自信を感じさせ、言葉に重みが出てくるのです。

## ノートを使って短く言いきる練習をする

# 3 説得力が格段に上がる「ロジカルノート」

プレゼンをしていると、相手が理解はしてくれているのに、あまり腹落ちしてくれない場合があります。また、〝のれんに腕押し〟のように、相手に通じているのか通じていないのかよくわからないといったこともあります。このような不完全燃焼の想いを持った経験は、多くの人にあるようです。

このようなことが起きてしまうのは、せっかくのいい内容も事前にノートで整理されていないからです。もっといえばロジカル（論理的）に整理されていないからです。

**ロジカルにすることで説得力が生まれ、言葉に重みが出ます。**

私は今でも大切なプレゼン（商談や説明、報告も含む）前には、ロジカルな型をノートに作り、説得力のチェックをしてから本番にのぞんでいます。

では、ロジカルとはいったいなんなのでしょうか？

**ロジカルとは、「話の筋道が整理されていて、意味が通じる状態」のことです。具体的には「結論（主張）が明確で、筋道も意味的にも理由（根拠）に下支えされている状態」を指します。**

「結論は、○○です」
「理由は3つあります。まず1つ目に〜」
「これは○○という事実に基づきます」
「事例もあります。例えば○○です」
「ぜひ、これから○○を導入してみませんか?」

というような展開をしていきます。

理屈っぽい人や難しく話して賢そうに見える人は、一見するとロジカルに話しているように感じます。しかし、結論や理由が明快で筋道や意味が適切につながっていなければ到底ロジカルとは言えませんので、気をつけてください。

ロジカルシンキングの本や研修は山ほど世の中にありますが、知識として学んでもそれを活用する機会が少なければ到底身につくことはありません。

プレゼン本番の機会がそれほど多くない場合、自主練で鍛えるしかありません。そこで、ノートにロジカルなシナリオを書きこんでいくのです。

場数を踏まずして、いきなり頭の中だけで組み立てていくと堂々巡りに陥るリスクがあるため、手間をかけてノートに書き出すことをおすすめします。

よく講演などでお話しするのですが、ロジカルな伝え方は、ダイエットと違って一度習得するとリバウンドがありません。一生もののスキルになります。社会人として生きていく上では、もはや〝人生のOS〟といっても過言ではないでしょう。

コーチングや財務などのスキルを鍛えても、それは〝アプリ〟にすぎません。OSなきアプリは動きませんので、ベースとなるロジカルな伝え方をノートで磨きあげておくことは、必須の学びとも言えます。

ノートに作るスペースは合計で7つの枠です。タイトル箇所を除けば、6か所です。

まずはじめに冒頭のタイトル箇所には**「Theme（テーマ）」**を書きます。

**提案なのか、報告なのか、相談なのかを先に明示しておく**ことで、伝える相手に聞く姿勢を作ってもらうのです。「これは提案として聞けばいいのね、これは相談なの、ね」と、はじめに相手の頭の中に受け皿を設けていただくイメージです。

次に、**「Point（結論）」**欄には簡潔に結論を書きます。あくまでも**簡潔にワンフレーズで言いきる**ことで言葉に力が増します。「一言で言うと○○です」というイメージです。

その次は、**「Reason（理由）」**を書き込みます。ここは他のスペースとは違い、**3つ記入します。**理由は1個しかない、あるいは5

<table>
<tr><td colspan="3">「Theme（テーマ）　○○の件：△△とは？」</td></tr>
<tr><td colspan="3">〈Point（結論）〉<br>＊＊＊＊＊＊＊＊＊＊＊＊＊＊＊＊＊＊＊＊を提案します。</td></tr>
<tr><td>〈Reason（理由）① 〉<br>＊＊＊＊＊<br>＊＊＊＊＊</td><td>〈Reason（理由）② 〉<br>＊＊＊＊＊<br>＊＊＊＊＊</td><td>〈Reason（理由）③ 〉<br>＊＊＊＊＊<br>＊＊＊＊＊</td></tr>
<tr><td colspan="3">〈Example（事例）〉<br>例えば＊＊＊＊＊＊＊＊＊＊＊＊＊＊＊＊＊です。</td></tr>
<tr><td colspan="3">〈Action（行動）〉<br>＊＊＊＊＊＊＊＊をネ＊＊＊＊＊までに実施します。</td></tr>
</table>

個以上あるという場合もあるでしょう。しかし、３つを目安に書き込みます。

理由が１つだけだと、「まぁ、そうくるだろうと思ったよ」と相手にありきたりだと思われる可能性があります。また、「他には決め手となる理由が何かないの？」という物足りなさから信ぴょう性に欠けます。理由が２つだと少し重みが出てきますが、２つくらいなら他のプレゼンターも考えてくるので差がつきません。

３つ目の理由は考え抜き、調べたり、他の人の知恵をもらったりして書きます。このときはじめて、独自性や新規性に富んだ説得力が生まれます。「なるほど、そんな視点があったのか」という受け止め方になるのです。

では、５個以上など書くとどうでしょうか。人間の脳は一瞬にして全体像を認識できるのが３つ程度までという学説があります。目安は３つ程度を基準に考えるといいでしょう。

次に、**「Example（事例）」**欄です。ここまでの結論と理由だけだと単調になります。また、スライドなどがなければ、さらに文字情報だけで理屈を伝えることになります。文字情報を相手の脳みそ目がけて放り投げたところで、それを咀嚼（そしゃく）して理解し、記憶に残し、さらに行動に移す原動力としてもらうには負担が大きく、効力をあまり持ちません。そこで、**一瞬で伝わりやすい事例**を用います。

事例は、相手の頭の中に一瞬でイメージを広げ、頭の中に映像を流すことができる優れものです。「例えば○○の場面を思い出してみてください」「例えば○○でお困りになるときはないでしょうか？」など具体的に場面を設定して描写することで、結論と理由だけの文字情報を、イメージで補完してあげることが可能になります。

最後に**「Action（行動）」**です。結論と理由で説得力の中心軸を作り、事例のイメージで補完すれば、相手にうまく伝えることは可能です。しかし、目的がうまく話すことではなく、何か成果を得たい場合は、**具体的に行動の第一歩目は何をするのかを明確にする**必要があります。

自分視点であれば「○○までに○○を○○の方法で行います」と言うことで、相手にプレゼン内容に対する覚悟とリアリティを感じてもらえます。

相手視点であれば「○○までに○○からはじめてみませんか？」と具体的に促すことで、「で、何からはじめるんだ？」と考える負担を強いなくても、動きやすくなります。

このように、「Theme（テーマ）-Point（結論）-Reason（理由）-Example（事例）-Action（行動）」の5項目を「型」としてノートに書き続けることは、ロジカルコミュニケーションの研修を受けるのと同じだけの効果をもたらします。しかも、コストをかけずにできてしまうのです。

## ロジカルノートを作って説得力を高める自主練をする

## 4

# 説明にインパクトを与える「シナリオ強化ノート」

ここまでノートを使ってロジカルなプレゼンの「型」を作りましたが、これだけではプレゼン本番では印象に残らないリスクもあります。ノートで整理する「型」はあくまでも基本で、強調するためのアレンジをすることではじめて〝使えるロジカルプレゼン〟に変えることができます。

アレンジ方法は、主に3つあります。**「①具体化法」「②比較法」「③メリット／デメリット法」**です。

**「①具体化法」は、シンプルに抽象的な言葉づかいを具体的な言葉に置き換えて話すことです。**

クライアントで交わされる会話を聞いても、ニュースから流れてくるお偉いさん方の話を聞いても、よく耳につく言葉があります。例えば、「徹底する」「強化する」「推進する」などです。これを私は意味はわかるけど行動につながらない〝ワースト御三家〟と呼んでいます。

このように抽象度が高い言葉は、全体像や方向性を簡潔に表現できるのでイメージもしやすいですし、言葉数も少なくてすみます。ただし、意気込みしか感じません。具体的に行動しているシーンが頭の中に流れてこないのです。

さらに、言葉にあいまいさがあると、相手が複数人の場合は、聞き手によって頭に浮かべるイメージや行動がバラバラになってしまいます。

そこで変換していきます。

「徹底する」→「週1回の確認を1日3回にする」

「強化する」→「1人の人員を3人体制にする」などです。

**抽象的な言葉の意味が明確に定義されることで、誤解を予防し、聞き手側の理解が進みます。**

**「②比較法」は、伝えたい情報に比較対象を用いる方法です。**

例えば、「電子書籍は軽くて持ち運びしやすいので便利です」よりも、「紙のハードカバーの本に比べて、電子書籍は軽くて持ち運びしやすいので便利です」と比較対象を入れたほうが電子書籍の特徴が際立ち、イメージがしやすくなります。

比較対象は3つの切り口で「違い」を作れます。

1つ目は**「反対語の活用」**です。伝えたい内容と反対の関係にある言葉（アナログとデジタル、北と南、大人と子どもなど）を選びます。

2つ目は、**「構成を見る」**です。言い換えれば、全体と部分で比較できるものを探します。「我が社の女性役員の比率は、業界全体の平均と比べると30％多い」などです。

3つ目は、**「時間軸で変化があるもの」**です。「コロナ禍前と比較すると〜」「学生時代と比較すると〜」などです。

最後に**「③メリット／デメリット法」**です。例えば、あなたが週末に新車を販売店に見に行ったとしましょう。そこで、新車のメリットばかり営業の人に強調されたらどう感じますか？　信用できますか？　胡散臭くないですか？　物事には必ずメリットがあればデメリットがあります。両面語った上で、それでも心を動かすメリットがあるかどうかを聞き手は確認したいものです。**メリットだけではなく、デメリットも**

**語ることは誠実さの証として必須事項です。**

プレゼンにおいては、誠実さが伝わる以外の力を持ちます。それは聞き手に心理的ギャップを生み出すことです。

例えば、「この車は小さいのですが……でも、小回りがきいて車庫入れがしやすいです」「味は苦いのですが……でも、栄養価が3倍です」と、前半にデメリットをもってくることで一瞬、聞き手に緊張感と不安を与えます。その後、後半でメリットを語ることで一気に緊張を緩和させ安心感に変えます。**緊張と緩和、不安と安心のギャップが大きいほど、強調されて相手に伝わるのです。**

**「ロジカルなシナリオをどう強調するか？」**

| 〈具体化〉 | 〈比較〉 | 〈メリット／デメリット〉 |
|---|---|---|
| ・＊＊＊＊＊ | ○ vs △ | （デメリット） |
| →＊＊＊＊＊ | × vs □ | ＊＊＊＊＊ |
| ・＊＊＊＊＊ | | ↓ |
| →＊＊＊＊＊ | | （メリット） |
| | | ＊＊＊＊＊ |

アレンジ手法の代表例ベスト3である「①具体化法」「②比較法」「③メリット／デメリット法」をご紹介してきましたが、これもノートによってスキルを磨くことが可能です。

いったん、基本的なロジカルな型で話す内容を整理したあと、3つのアレンジ方法が使える箇所がないかどうか、ノートに書き出していきます。いつも3つすべてを同時に使えるわけではありません。どれか1つだけや、2つを組み合わせてなど、目的や相手、内容に応じて使い分けをしてください。

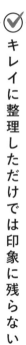

## キレイに整理しただけでは印象に残らない

# 5 すべらない話をするための「ネタ帳ノート」

短く言いきり、強調するためのアレンジを行う。さらに、ここでもう1つだけプレゼン上手になるためのスパイスを加えておきます。それは、**すべらない話をするために「たとえ話」（比喩）を入れる**ということです。**たとえ話を入れることで、短い言葉でも一瞬にして強く相手に伝わります。**

先ほども少しお話ししましたが、大前提として「文字情報」だけを相手の頭の中に入れてもらうというのは至難の業です。いくらロジカルに整理できていたとしてもです。なぜかというと、聞き手は根本的に人の話を聞くことに負担を感じているからです。

あなたは、「話す」ことと「聞く」ことではどちらが気持ちいいですか？

「話す」ことは、自分で時間や表現などをコントロールできます。また話し終えると達成感とともにスッキリします。

一方、「聞く」ことは、時間や表現などは自分でコントロールできません。聞き終わったからといって達成感も得られません。つまり、聞くという行為は、それだけで相手に負担をかけているという前提に立つべきなのです。相手が聞く姿勢を持ってくれていても「頭の中には入ってない可能性がある」、これをすべての前提にして伝え方の工夫をしてちょうどいいくらいです。

少しでも相手の頭の中に伝えたいことが入り、要望が受け入れられる状態にするためには、聞く負担をやわらげるために文字情報に工夫を施します。

そのとき使うのが、たとえ話です。**たとえ話は、短い言葉であっても、瞬時に聴き手の頭の中でイメージが湧きます。**特に難しい話の場合は、相手が体験したり経験してきたことをたとえ話に使うと、鮮明にイメージが湧きますので、伝わり方が増幅します。

**「文字情報（ロジカルさ）より、相手の頭の中に映像（たとえ話）を流すつもり」**、これが指針です。

次の2つの文章を比較してみましょう。

「先週の休みの日にオシャレに部屋の模様替えをしました。コーヒーを飲んだり読書をしやすくするために、家具を落ち着いた色目のものにして、長居したくなる雰囲気を工夫して作りました」

「先週の休みの日に、スターバックスコーヒーのようなインテリアに模様替えをしました」

どちらがイメージが湧きますか？　強く印象に残るでしょうか？　もちろん、聞き手がスターバックスコーヒーに行ったことがあることが前提ですが。

私がこれまでに一番感動した事例は、少し古い話ですが1989年にソニーが発売した新商品「小型ビデオカメラ」の説明です。

通常であれば、従来の製品より小型になったことを訴求するために、「○○センチになりました」や「当社製品の従来比30％サイズダウンです」と言うところを、たとえ話として「〝パスポートサイズ〟です」と表現し、大ヒットにつなげました。

実際にCMでは、ビデオカメラの横に実際のパスポートを置いて直感的にサイズ感がイメージできるようにしたのです。秀逸としか言いようがありません。

こうして考えると、食レポをする際の彦摩呂さんは、とてつもない天才かもしれません。海鮮丼を見て「海の宝石箱や〜」と表現し、おでんを見て「具材の健康ランドや〜」と表現するなど、そのたとえ話力は群を抜いています。

それでは、ここであなたに問題です。以下の文章をたとえ話を使って簡潔に表現してください。

「1000万円を超す借金残高なのに、さらに借金が必要で引き続き厳しい家計状況だ」

この「状況」を他の言葉で表現するならどうしますか?

回答として、「火の車」「自転車操業」「底なし沼」などが考えられるでしょう。

このように簡潔でイメージしやすい言葉に変換していきます。そのためには、日ごろから表現を変換するクセをつけておく必要があります。**ノートを使って芸人のよう**

**にネタ帳を作り、ボキャブラリーを増やしつつ、自分の話す内容に自己添削をしていくのです。**

シンプルにノートの真ん中に縦の補助線を1本引いて左右2分割します。

**左側には、難しい表現や長くてインパクトが弱い表現で、「ここはもっと強調したい」という部分を書き出します。**

**右側には、「たとえ話に変換するなら？」と考え、たとえ話の変換候補をリストアップしていきます。**自分で出せないときは、他人の知恵を借りながら埋めていってもいいでしょう。

頭の中だけで考えても芸人でもない限

**「他の表現に言い換えるなら？」**

| 〈言いたいこと〉 | → | 〈たとえ話〉 |
|---|---|---|
| ＊＊＊＊＊ | | ・〇〇のような |
| ＊＊＊＊＊＊＊＊＊＊ | | ・一言で言うと〇〇 |
| ＊＊＊＊＊ | | ・いわば〇〇 |

りとっさにはでてきませんので、日ごろからノートに書き出す習慣が本番ではものを言います。

ロジカルに整理すると、意味は通じ説得力は上がります。しかし、説得力は上がっても相手の共感を得られるかどうかは別です。人は理屈では感情が動きません。理屈だけでは理解が進みません。意味的にも感覚的にも刺さる表現が必要なのです。論理（ロジカル）と感覚（イメージ）の二刀流で、左脳（論理をつかさどる脳）と右脳（感覚をつかさどる脳）に刺さるよう心がけてください。

## 事前にノートで表現をたとえ話に変換しておく

# 第8章

# インプットを成果に変える「アウトプットノート」

# 1 インプット内容はいかに捨てるかの勝負

ノートに書く行為について、多くの人はいかに情報を漏れなく拾い集めて効率的に記録するのかという点に関心を持つようです。しかし、私の意見は逆です。「ノートは不要な情報を捨てるために書くもの」です。

これだけ情報洪水の中で生きている昨今、情報をただキレイに並び替えて記録することに意味はありません。放っておくと、情報洪水に飲み込まれてしまい、自分にとって何が重要なのかを見失ってしまうリスクがあるからです。

やみくもに記録するだけでは、使えない情報（ノイズ）も混在することでしょう。**使えない情報を見極め本当に必要な情報だけを活用するには、「不要な情報を捨てること」を目的にノートを使います。**

これまで、ノート上で整理するための「型」をたくさんご紹介してきました。すべては漫然と記録するのではなく、情報の取捨選択を行い、自分にとって大切な情報を浮き彫りにするための型なのです。型を持っておくことで、型にはまらないものは捨てていくことができるため、何が大切な情報かが浮き彫りになります。

これは部屋の片づけに似ています。例えば衣替えのシーズン、衣類を片づける際に、すべての服を1つのところに押し込む人は少ないでしょう。これは夏物の収納、あれは冬物の収納というように引き出しを分けて片づけます。その際に、「この服はまだ着るかな？　もう流行遅れだし捨てようか」などと考え直した経験はありませんか？

ノートでも同じことです。**ノートに線を引いて分割することは、「いる情報・いらない情報」に分けてアウトプットで活用しやすくすることです。**

世界的に著名な片づけのプロである「こんまり」さんは、「ときめくか、ときめかないか」で捨てるものの仕分けをしましょうと提唱しました。さすがに仕事の場面で情報にときめくか、ときめかないかで取捨選択はできませんが、有益かどうかなら考えられるはずです。

また、注意しなければいけないことは、ノートに記録することが目的化してしまうことです。もれなくノートに書いておこうという意識が強すぎると、肝心のアウトプットができなかったということになりかねません。

ノートをとる最終目的はなんでしょうか？　仕事の場合なら**「情報を整理し、有益なアウトプットをするため」**です。ノートをとることに意味はありません。**アウトプットしてこそノートの価値がでます。**

にもかかわらず、多くの人がノートをとって記録（インプット）することに意識がいきがちです。

私が中学3年生のときの話です。隣に座っていたA君は先生の言うことを聞き漏らすまいと、すべてを網羅する勢いで見た目にもキレイなノートをとっていました。ノートをとることが面倒だった私は、どれだけA君に借りたかわかりません。

一方、斜め前に座っていたB君のノートを見せてもらうと、驚くほど情報が少ないのです。「え？　聞き漏らしたのかな」と不思議に思っていたら違いました。有益な情報だけを絞り込み、さらに自分なりの見解を書き込んでいたのです。

ちなみにB君はクラスで成績トップ、すべてをノートに書いていたA君の成績は下位という差がついていていました。

ノートをとることに専念するインプット重視型の人は、いくつかのタイプがあるようです。

1つ目のパターンは「いつか使うかもしれない」「とりあえず」書いておくというタイプです。ノートに書かないことで、後日その情報を使うことがあれば、何もできなくなってしまうという恐怖心があります。

次に、書く行為そのものに充実感を得るタイプです。インプットしていくと知識欲が満たされ知識が身につきますので、自分が賢くなった気分になります。また、すべてを書くことで仕事や学習が確実に進んでいることが見える化されるから、気持ちがいいのです。

こうしてインプット重視型の人は、「あれもこれも」と書いているうちに有益な情報が埋没し、アウトプットがしにくくなっていくわけです。

繰り返しますが、ノートに書くことは目的ではなく、「情報を整理し、有益なアウトプットをするため」です。**どのようなアウトプットをするかから逆算してノートの型を作り、型にあったインプットを行う。**これが正しいノートの使い方になります。

劇作家の井上ひさしさんの言葉で好きな言葉があります。

「難しいことを、やさしく」「やさしいことを、深く」「深いことを、おもしろく」

ノートをとるときも、この視点が求められます。難しいことをそのまますべて書くのではなく、情報をそぎ落として、やさしく理解しやすいようにします。また、残された情報を深く掘り下げて思考し、有益なアウトプットに変えていくのです。

**アウトプットなきインプットだけのノートに価値はない**

# 2 結局、最強の整理術「5W1Hノート」

「今さら、5W1Hですか?」

普段、人の話や頭を整理する際は、ノートに「5W1H」の視点で書くことをすすめると必ず返ってくる言葉です。「思考の整理家®」である私にノートの書き方を質問すれば、きっと新しいメソッドを教えてくれるに違いないという気持ちから拍子抜けしてしまうのでしょう。

**「5W1H」とは、「Why(なぜ?:目的)、What(何を?:内容)、When(いつ?:時期・期限)Who(誰が?:人、担当)、Where(どこで?:場所)、Howto(どのように?:方法)」**の英語の頭文字をとったものです。ここに**「Howmuch(いくらで?:コスト)」や「Howmany(どれくらい?:量)」を加えて、「5W2Hや3H」と呼ぶこともあります。**

５Ｗ１Ｈは仕事に（仕事以外でも使える）必要な要素がモレなくダブリなく入っているため、ノートを線で区切って順番に埋めていけば、ムダな情報をそぎ落として見える化ができます。また、過不足のチェックもできる有益な思考の整理用フレームワークなのです。

それなのに「今さら」と言われてしまうのは、５Ｗ１Ｈを新入社員研修で学ぶ人も多く、あまりにも基本的で目新しさがないと感じてしまうからです。ただし、社会人のベテランも含め、あまりに軽視している人が多いように思います。知っていても本当に使えているでしょうか？

私のもとには「例年と同じように9月頃に人材育成のプロジェクトがありますので、鈴木さんお願いします。これは正式決定です。（以上）」というようなメールが頻繁に取引先から飛び込みます。長年取引していると、いつもの感じだから細かく伝えなくてもだいたいわかるでしょ？　というニュアンスでメールされるので困りものです。たいてい同じでも、毎回完全一致した内容なんてことは実際にはありません。

まず、「なぜ人材育成プロジェクトが発足されたか目的は？（Why）」、具体的にはどのような内容を要望されているの？（What）、いつも4月に開催していたのになぜ今回は9月なの？　9月頃とは10月もあり？　9月でも上旬？　下旬？（When）、受講対象者の属性は？　人数は何人？（Who）、会場はどこ？　それともオンライン？（Where）、講義中心かグループワーク中心にするかその形式は？（Howto）」など、基本情報が不足しています。「正式決定です」と言うけれど、まだ見積書も出していないし「予算はどのように考えているの？（Howmuch）」など、

（5W2Hの場合）

**「○○の概要を整理すると？」**

**〈Why（目的）とは？〉**

＊＊＊＊＊＊＊＊＊＊＊＊＊＊＊＊

**〈What（内容）とは？〉**

＊＊＊＊＊＊＊＊＊＊＊＊＊＊＊＊

**〈How to（方法）とは？〉**

＊＊＊＊＊＊＊＊＊＊＊＊＊＊＊＊

| 〈When（時期）〉 | 〈Who（担当）〉 | 〈Where（場所）〉 | 〈How much（予算）〉 |
|---|---|---|---|
| ＊＊＊＊＊ | ＊＊＊＊＊ | ＊＊＊＊＊ | ＊＊＊＊＊ |

不足情報が多すぎます。

ちなみに、社歴20年を超えたベテランクラスの社員からの連絡でも、このような雑なコミュニケーションが頻繁に起きます。もし、常に5W1Hで整理してやりとりすれば、こちらの再確認という手間が省けてどれだけ効率的なことでしょうか。

**ノートで単純にインプットする際は、常に5W1H（2H、3H）思考で情報を整理することで、情報のモレやダブリを防げます。**一方、メールでの連絡などアウトプットの際は、5W1Hの6行だけを箇条書きで書くこともあります。シンプルであっても必要な要素が織り込まれているため、ミスがなく全体を網羅して次の行動が互いに考えやすいからです。

「5W1H」を実際に使うときには、必ずしもこの順番通りにノートに書く必要はありません。あくまでも音感的に読みやすく語呂合わせしやすいから、5W1Hになっているだけです。

私の場合はまず、一番重要な要素である、「Why（なぜ？：目的）」「What（何を？：

内容)」「Howto（どのように？：方法)」を記入するベスト３に置きます。全体像を網羅でき、一番中核をなす項目だからです。他の要素は付属情報として扱います。

こうすることで、何が一番重要な情報なのか中心軸が見えてきます。

注意点は、**必ず「Why（なぜ？：目的)」から書きはじめることです**。すべてはここを起点に整理していきます。「何のため」に行う仕事なのかを、はっきりさせるのです。

これはプロジェクトであれば参加メンバー全員を束ね、みなの動機づけにもなります。また、迷ったときに立ち返る原点にもなります。

最近、クライアントの中で仕事術に関心がある方やＭＢＡなどビジネスに対する意識が高い方が〝フレームワーク疲れ〟していることが増えています。

フレームワークは一定のパターンを覚えておくと、ノート上でも情報や考えを瞬時に整理できるため便利です。

皆さんも、３Ｃ、４Ｐ、５Ｆ、ＳＷＯＴなどは聞いたことがあるかもしれません。

特にビジネスの展開を考える際や発想を広げたり整理する際に有効な視点ではあります。しかし問題は、いろいろと覚えるだけでも大変な上に、覚えたことをどこでどう使えばいいのかわかりづらいことです。
そんな人に私が1つだけおすすめするなら、やはり「5W1H」だけです。目新しさはなくても、〝定番〟のものをフル活用すればいいのです。情報の整理、思考の整理にとどまらず戦略の検討や、ビジネス事例の読み解きまで、応用範囲は幅広いものがあります。

あなたが、デザイン性が高いと評判の新商品で個性的なタンスを買ったとしましょう。でも買ってみると、「あれ、靴下など小物が入らない、仕分けがしにくい」など、見た目はいいけど機能的でなければ、結局使えなくなってしまいます。機能性まで考えるのであれば、見た目は普通でも使い勝手のいい定番的なものを買ったほうがいい。
つまり「定番」は、長きにわたって効果があるから「定番」になっているわけです。新しく、難しいノウハウばかり追い求めずに、迷ったら〝定番〟に戻ることも大切です。

また、ノウハウは、知っていることと実際に使うことは別物です。「5W1H」という方法をインプットしても実際に使わない限り、本当の学びにはなっていないのです。

特定のテーマを持たずに、単純にインプットをするだけの場合や思考を整理したいときは、「5W1H」という定番を使ってみること。ノート上の「5W1H」とは、6人の秘書を持つようなものです。

## 定番の5W1Hから整理をはじめてみる

## 3 事実と意見は切り分けろ!「ファクトノート」

人の話やインプットした情報をノートに書きとめる際に難しい点は、それが客観的な話なのか主観的な話なのかの見分けがつきにくいことです。とくに仕事においては憶測だけで物事を進めてしまうと、成果がでることはなく、むしろトラブルにさえなります。**客観的な「事実」なのか、単に主観的な「意見」なのかを見抜く必要があります。**

瞬時に聞いて、頭の中で自動仕分けすることは、よほど慣れていないとできません。そこで、**ノートに書くときは、事前に「事実」と「意見」に2分割して書き分けていくと、見極めがスムーズにできます。**

以前、あるクライアント先でこんな光景を目にしました。

私とやり取りする社員に向かって、「キミの部署の会議は長すぎるのでは? 会議室がいつもいっぱいで我々の予約ができないじゃないか！」と別の部署のDさんが憤慨しているのです。

いつも会議に同席している私は、「おかしいな、会社の中でも1、2を争うくらいに同席する会議は時間が短いのに」と思ったので、担当者に助け舟を出しました。

Dさんに「長すぎるとのことですがいつも会議時間がどれくらいなのか、事実ベースで確認されていますでしょうか？」と恐る恐る聞いてみると……。やはり、事実を確認しているわけではありませんでした。実は、長時間会議で社内では有名な他の部署と勘違いしていたの

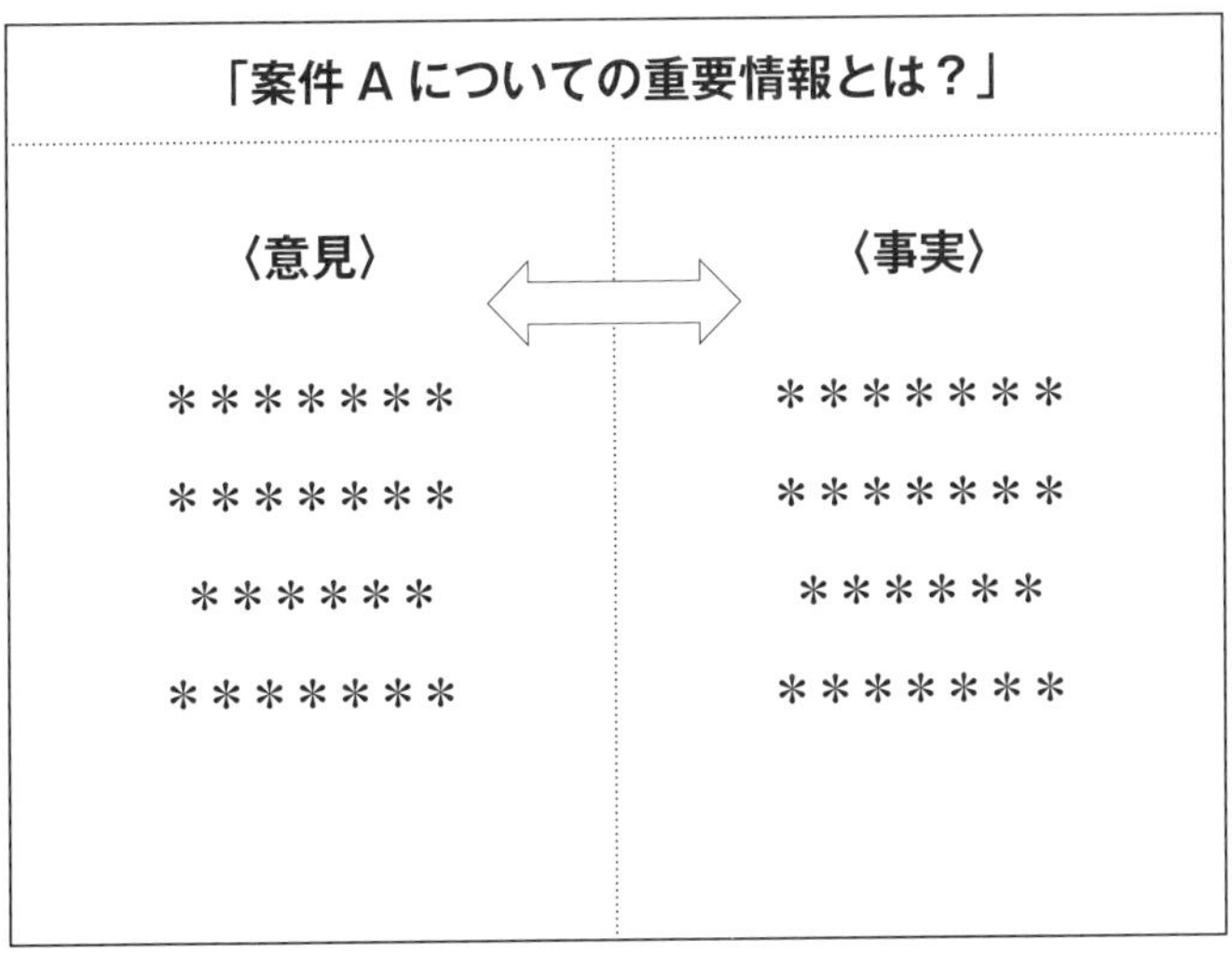

です。

このように、**私たちの周りには、「事実」（客観的）と「意見」（主観的）の混在が普通に起きており、ストレスを抱えてしまう原因にもなります。**

また、別のクライアントに訪問したときには、営業会議においてこのような場面がありました。

ある担当者いわく「先日、A社に提案に行ったのですが、先方の予算が今期はかなり厳しいようで当分の間、発注できないようです」と。

これだけでは、担当者の個人的な意見として話されているのか、それとも事実情報に基づいているのかがわかりません。客観性を担保するには、「予算がかなり厳しい」とはいくらくらいなのか、それは誰が発言したのか、「当分の間」とはいつまでのことを言うのか、などを情報として得ておかなければなりません。

つまり、**客観的かどうかを見抜くには、先ほどお話しした「5W1H」が整理されているか、それらは、「固有名詞や数値」で語られているかなどを確認しなければならないのです。**

例えば、

「かなり速い」→「1分以内で」

「顧客の評価が高い」→「A社からの評価が業界平均より40％高い」

のようにです。

もちろん、数字で表現されていたものがすべて事実とは限りません。引用元がおかしかったり、フェイク情報のこともあるからです。

事実情報が大事とはいっても、実際の組織では〝偉い人〟が言っていることが単なる意見なのに、「既成事実」としてできあがっていく空気感もあります。そこで、**「誰が言っているかより何を言っているか」「それは単なる意見なのか事実なのか」に着目してノートをとるようにしてください。**

また日常生活においても、ネットやテレビニュースからの情報に気をつけたいものです。何が事実情報か、何がメディアやコメンテーターの個人的な意見なのかを切り分けてインプットすることが、ノイズやフェイクニュースに振り回されないコツとなります。

事実が何か見極めが難しい〝情報洪水〟の時代だからこそ、ノートを使って事実と意見を切り分ける思考のクセを身につけていきましょう。

## 事実と意見の仕分けをノートで行う

# 4 会議内容を成果につなげる「サイクルノート」

「会議や打ち合わせで、どのようにノートをとればいいのですか？」

このような質問を受けることがあります。結論から言うと、会議の目的によって異なります。

単に報告や情報共有のような「正しく情報が伝わること」が目的であれば「5W1H」の枠組みが使えます。

では、「新たな取り組みについて決めること」や「新たにアイデアを考え出すこと」が目的の場合はいかがでしょうか？

重視したいのは**「事実・仮説・行動」**の3点セットです。

会議となると、議事録として整理することもあります。それこそ5W1Hを基本フォーマットにすればモレなくダブりなく情報を詰め込めますので問題はありません。

ですが、新たなアイデアとなると、いきなり5W1Hのような6項目に当てはめると細かすぎて発想の自由度が少なくなります。

そこでシンプルに3つの視点で構成していきます。

**「事実」とは、固有名詞や数値で語れ、基本的にはエビデンス（証拠・証明）がある情報のことです。**「××調べによると、60歳以上の77％の人がスマホを利用している」などです。

**「仮説」とは、事実情報から導き出す新たなアイデアのことです。**「シニア向けのアプリがこれから成長期に入る」や「シニアのスマホによるEC比率が高まる」など独自に考え出します。この段階では検証していないアイデアのため、実現性にこだわりすぎずに書き込んでいきます。あくまでも仮説とは「仮」の「説」のため、アイデアの質よりも先に量にこだわります。

**「行動」とは、「このまま進めてもいいものなのか、仮説をどう実現するか」などの検証をするための「行動内容をリストアップ」することです。**「〇〇までに何件ユーザーにヒアリング調査をする」「仮のサイトを作ってアクセス解析をする」「先行企業の勉強会を行う」などです。

事実情報のインプットだけではアイデアが出ません。かといって、アイデアだけだと事実情報がないため単なる空想に終わります。仮に事実情報のインプットがあって仮説をたくさん出しても、行動策を考えなければ、物事は進みません。

つまり、3点セットは切っても切れない縁なのです。相互に補完しながら、会議や打ち合わせ内容を単なるインプットから使えるアウトプットに変えていくことができるのです。

ノートは3分割して使います。「事実」欄を見ながら、会議メンバーと一緒にもしくは自分自身で「仮説」欄に新たなア

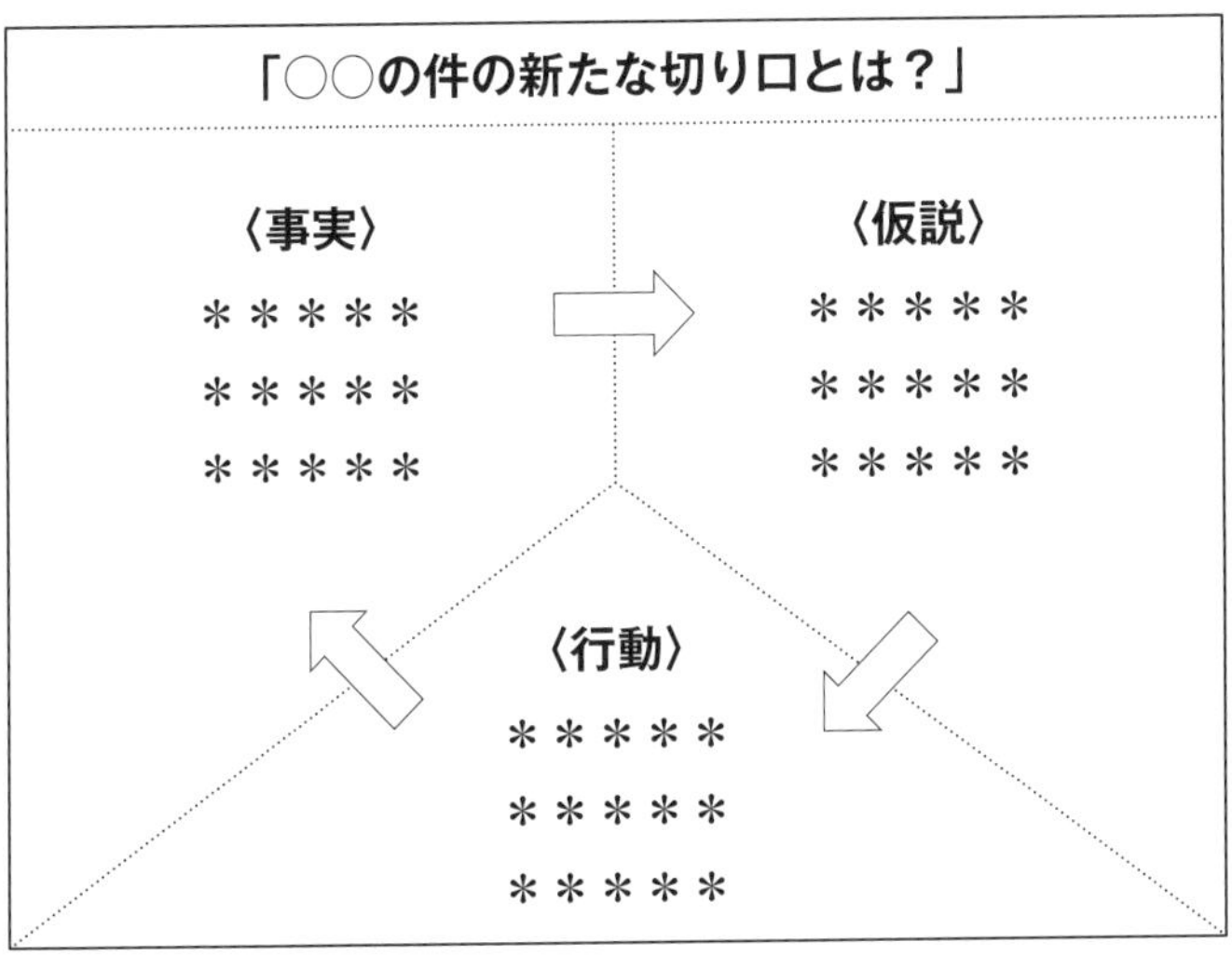

イデアを考えて書き込み、最後に「行動」欄に次にやるべきことを書き出していきます。これを1サイクルとして循環させていきます。

注意点は2つです。

1つ目は、**「仮説」欄への書き込みは、「自由に考え、実現性はいったん無視」をポリシーにする**ことです。これまでの延長線上で物事を考え、「できること」だけをやっていても新規性はありませんし、進歩しません。

一見すると実現が難しい内容でも、世の中やってみないとわからないことばかりです。いつか誰かが、仮説を立てて数々のチャレンジをしてきたからこそ、ロケットで宇宙に行き、AIで便利な社会ができ、遺伝子治療でさまざまな病気が治る確率が上がってきました。「今の」実現性からだけで仮説を考えると何の進歩もありません。

また、実現性が低いといっても多くの場合、「今は」低いというだけで、あとに実現性を高めていくことはできます。「人、金、時間」を確保すれば、単なる仮説も実現性が高まっていきます。

2つ目は、**「行動」欄まで必ず書き込む**ことです。

多くの会議では、結論を出すことに終始して、次の行動まで考えない（考える余力や時間が残っていない）ことが多くあります。しかし、行動策なき結論など、会議の意味がありません。会議は「結論を出すことが目的ではなく、次の行動につながるキッカケを作ることが目的」です。会議に限らず、商談においても、次にどう動くかまで決めてゴールに到達と言えるのです。

もちろん行動してもうまくいかないことも多いことでしょう。しかし、行動策を明確にしておくと、「何をやればうまくいくのか、あるいは失敗するのか」が明確になります。**行動で得る生きた「事実」情報を使って、また新たな仮説を立てるのです。**

このように「事実・仮説・行動」の3点でノートをとることは、それぞれを循環させて、新たなチャレンジの実現精度を上げていく〝特効薬〟となります。

## ノート上で「事実・仮説・行動」の3点を循環させる

## 5 読みっぱなしにしない「読書ノート」

個人的な話ですが、6年ほど前から読書会を主宰しています。読書好きな人間が集まり、好きな本を持ち込んで自由にプレゼンし、意見交換する会です。課題図書を決めて、1つの本について討議する形式ではない分、ジャンルの振れ幅が広く刺激的です。

隔月で開催しているものの、長く継続していると気づくことがあります。それは、**「どうアウトプットするかを決めてからインプット（読書）する」と、記憶に定着しやすく仕事や人生に活きてくる**ということです。

読書会を行う前であれば、「なんとなく読んで、なんとなくどこかにしまいこんでしまう」生活。読んだ本がよほど仕事に関連でもしない限り、印象に残りません。挙句の果てに、2回も同じ本を買って積読するなど、どこかムダが多かったように思います。ところが読書会をするようになってからは、どのように読んだ本を整理すれば、本の魅力が伝わるだろうか？　そればかりを考え、事前にノートで整理するようになりました。

内容をダラダラとまとめても、話す際には、ただ話が長くなるだけで魅力が伝わらなくなるため、整理するポイントを主に3つに絞り込みました。

**①その本を選んだ理由……Why**
**②おすすめポイントの概略3つ（サマリー）……What**
**③どう活かすか？……How**

まずは、本題に入る前にタイトルと著者プロフィールを書きます。その上で、中心となるのが「①Why」「②What」「③How」の3項目ですが、実はその順番が大切です。このノートは、**Whyからはじめる「3ステップ式整理法」**で書いています。

**「①その本を選んだ理由（Why）」は、本を購入した動機そのものを書きます。**

偶然Amazonで目にしたからというキッカケよりは、「なぜ今このタイミングで他の人にすすめたいのか」ということを中心に書きます。これは自分の現状や心境などと密接にかかわっており、内省にもつながるからです。

例えば、父が亡くなったあと、どう人の死と向き合えばいいのか不安定な心のとき、『おもかげ復元師』(笹原留似子著・ポプラ文庫）という本を選びました。この本は納棺士の方のノンフィクションですが、生まれてはじめて〝死〟というものを考えるいいきっかけを与えてくれました。

また、老後の年金問題がクローズアップされ、コロナショックで株価が大暴落した際には、今後の資産運用について〝お金と今後の生き方〟と真剣に向き合おうと考えました。その際に選んだ本は『ビジネスエリートになるための教養としての投資』(奥野一成著・ダイヤモンド社）です。

このように、選書のキッカケを振り返ることとは、自分がどのような状況や心境なのかを省みることになり、どう考え何を学びに変えるのか整理できます。

次は、**「②おすすめポイントの概略3つ（What）」**です。おすすめのポイントを3つ書き出す理由は、1つだけでは物足りず、逆に内容が濃い本の場合は1つに絞り込むことは至難の業だからです。多角的に自分の肥やしになることをリストアップし、簡潔に整理ができる3つとしました。

**3つを抜き出すときの基準は、「著者が一番伝えたいであろうこと」「直感的にいいね！　と思ったところ」「何かに活かせそうな学びが多いところ」**です。これらは、ルールを決めて3色に色分けするとより記憶に鮮明に残ります。

また、3つのポイントは、ダラダラと長文で書き出さないことです。「要するに」で簡潔に伝えられるようにし、**「140文字以内」で書き出します。**140文字以内というとTwitterの文字数制限と同じです。一瞬にして自分も他人もそれを見れば内容が理解できるレベルのため、長文に比べて記憶に残りやすくなります。

最後に、**「どう活かすか？（How）」**の欄です。単なる読書に次の行動まで考えなくてもいいだろうという意見もあるでしょう。しかし、私の場合は特に実用書（小説以外）を読み込んだときは、自分の人生や仕事の肥やしにするべく、**何か1つでも行動できるものがないかを考えリストアップします。**前項ででてきた「仮説→行動」のくだりと考え方は同じです。

例えば、投資に関する本を読んでみたら、投資先のポイントは「競争優位性・付加価値・長期潮流」に合致する企業かどうかが大事という内容だったとしましょう。そうしたら行動の欄には、例えば「3つの条件に当てはまる企業を会社四季報から探して5社を目標にリストアップする」と箇条書きレベルで書き込んでいきます。

このように、**実際に読書内容を行動に変えることで自分の経験や体験につなげれば、頭への記憶どころか、身体にも〝血となり肉となる〟ため、効果は倍増します。**

| |
|---|
| **〈書籍タイトル〉＊＊＊＊＊＊＊＊　〈著者名〉＊＊＊＊** |
| **〈選書理由（Why）〉なぜこの本を選書した？**<br>＊＊＊＊＊＊＊＊＊＊＊＊＊＊＊＊＊＊ |
| **〈サマリー（What）〉オススメ箇所 BEST3 は？** |

| ① | ② | ③ |
|---|---|---|
| ＊＊＊＊＊＊<br>＊＊＊＊＊＊<br>＊＊＊＊＊＊ | ＊＊＊＊＊＊<br>＊＊＊＊＊＊<br>＊＊＊＊＊＊ | ＊＊＊＊＊＊<br>＊＊＊＊＊＊<br>＊＊＊＊＊＊ |

| |
|---|
| **〈活用法（How）〉どう活用する？**<br>＊＊＊＊＊を＊＊＊＊までに実施します。 |

読書をただ楽しむだけの読み方も好きですが、ノートを使えば人生を変えることすら可能になる読書が楽しめると考えています。

ノートへのアウトプット方法を決めてから主体的にインプットしにいくこと。これが読みっぱなしに終わらない〝使える3段階ノート式読書術〟になります。

## 読書は、Why、What、Howの3点をノートで整理する

## おわりに

ここまで、お読みいただき本当にありがとうございました。

本書が誕生する1年ほど前のこと、今回、編集をご担当いただいた明日香出版社の久松圭祐さんから1通のメールをいただきました。

「日々の生活や仕事で起きた問題を、スムーズに整理して解決できるようなノート術の本を執筆しませんか？」と。

ところが、わたしはお引き受けするかどうかを悩みに悩みました。

ちょうど執筆のオファーをいただく1か月ほど前に、悲しいできごとがあり精神的に安定しない状態だったからです。

実は私の父が癌を患い、発覚から1年経たずして天国へと旅立っていったのです。

その直後は激しく動揺し、頭の中は混乱を極め、何も手につかない日々。

それから1か月間は、ひとまず自分を落ち着けるためにノートを開いて思いの丈をすべて見える化していきました。

嘆いても悲しんでも「死」という一番重い現実を変えることはできません。

「今この瞬間、自分でコントロールできることは何があるだろうか？」

無心になってノートに書き殴りました。これまで悪戦苦闘して培ってきた方法論で脳内を整理していったのです。まさに、この瞬間のために培ってきたメソッドのように。

それからというもの、ノートのおかげで少しずつ立ち直り、少しずつ平静さを取り戻していくようになりました。執筆オファーのメールをいただいたのは、そんなときでした。

平静さを取り戻しつつあったといっても、人のために何か力になれるほど、自分にはまだゆとりがありません。そこで、ふとこれまでを振り返ってみることにしました。

「この1か月、自身が培ってきたノートによる脳内整理法で悲しみの底から自分自

身を救えたんだ」とはっと気づきました。それなら、他の人とも方法論を共有できる

かもしれない。いや、ぜひ生活や仕事で整理がつかず行き詰まっている人がいるなら

ば、きっと救えるに違いない。気持ちは急に晴れ渡り、執筆の決意と覚悟に切り替

わっていった1年前を昨日のことのように覚えています。

もしあのとき、ノートを開き自分が立ち直れていなかったら、決してこのタイミングで本書は誕生していなかったことでしょう。

そして何より、あなたとのご縁も築くことができなかったかもしれません。

あなたにも、この先、仕事の場面であっても激しく頭を混乱させるようなできごとが発生するかもしれません。将来のことや、目の前の環境の激変に不安を覚えることもあるでしょう。

そんなとき、本書とノートを開き、絶望の中にも希望を見出すキッカケができれば、この上なく嬉しいです。

今回、本書で語りつくせなかった内容は、LINEへのショートコラムの配信や

メールマガジンなどでもご紹介していきますので、ぜひ本書の巻末でアドレスをご確認ください。

本書を通じてあなたとご縁をいただいたことに心から感謝します。

またいつか、お会いできる日も楽しみにしております。

ありがとうございました。

2021年10月　鈴木 進介

## LINEによるショートコラムを無料配信中！

本書に収録しきれなかった内容や脳内整理のコツなどを「毎朝７時」にお手元の「LINE」に「無料配信」しています。本書に関連するセミナーや次回作の情報もお届けします。

以下の「URL」か「QRコード」よりご登録ください。

https://bit.ly/3n4chFS

## 著者の最新情報やSNSも公開中！

サイトより著者・鈴木進介の最新情報や各種SNS、メールマガジン（毎週２回配信）の登録先も公開しています。

以下の「URL」か「QRコード」よりアクセスください。

**取材、出演、講演、執筆他お仕事のご依頼も**
**以下よりお問い合わせください。**
**本書のご感想もお待ちしております。**

https://www.suzukishinsuke.com

※このサービスは予告なく終了することがあります

［著者］

**鈴木進介**（すずき・しんすけ）

思考の整理家®

1974年生まれ。株式会社コンパス 代表取締役。現在は「思考の整理術」を使った独自の手法で人材育成トレーナーおよびコンサルタントとして活動中。大学卒業後、IT系企業や商社を経て25歳で起業。思考を整理すれば問題の9割が解決していることに気づき、思考の整理術に開眼、独自にノウハウを体系化。難しい問題を優しく解きほぐす「思考の整理術」は、フリーランスや起業家、東証一部上場企業まで幅広く支持され、コンサルティング実績は100社以上、研修や講演は年間150日以上登壇、セミナー受講者数は累計3万人を超す。特に「思考の整理ノート」メソッドは、経営者の意思決定支援や次世代リーダーの育成で圧倒的な支持を得ている。また、ラジオ、テレビ出演を果たした他、執筆活動にも力を入れ、著書に『1分で頭の中を片づける技術』（あさ出版）など11冊・累計12万部以上の実績を持つ。

◆著者ホームページ

http://www.suzukishinsuke.com

**仕事は1冊のノートで10倍差がつく**

---

2021年 10月 20日　初版発行
2021年 12月 16日　第10刷発行

著　　者　鈴木進介
発 行 者　石野栄一
発 行 所　明日香出版社
〒112-0005　東京都文京区水道2-11-5
電話　03-5395-7650（代表）
https://www.asuka-g.co.jp

印　　刷　株式会社文昇堂
製　　本　根本製本株式会社

---

 ISBN 978-4-7569-2175-8

ISBN978-4-7569-2159-8

# 説明の一流、二流、三流

桐生 稔著

B6判　216ページ

本体 1500 円＋税

話したことがきちんと伝わらない、プレゼンがウマくいかない、論理的に話せない等の悩みを解決する方法をまとめました。

一つの項目に対してダメレベル、普通レベル、優秀なレベルの３つの段階で解説しているので、自分がどのレベルかわかります。

ISBN978-4-7569-2148-2

# 今日、会社がなくなっても食えるビジネスパーソンになる!

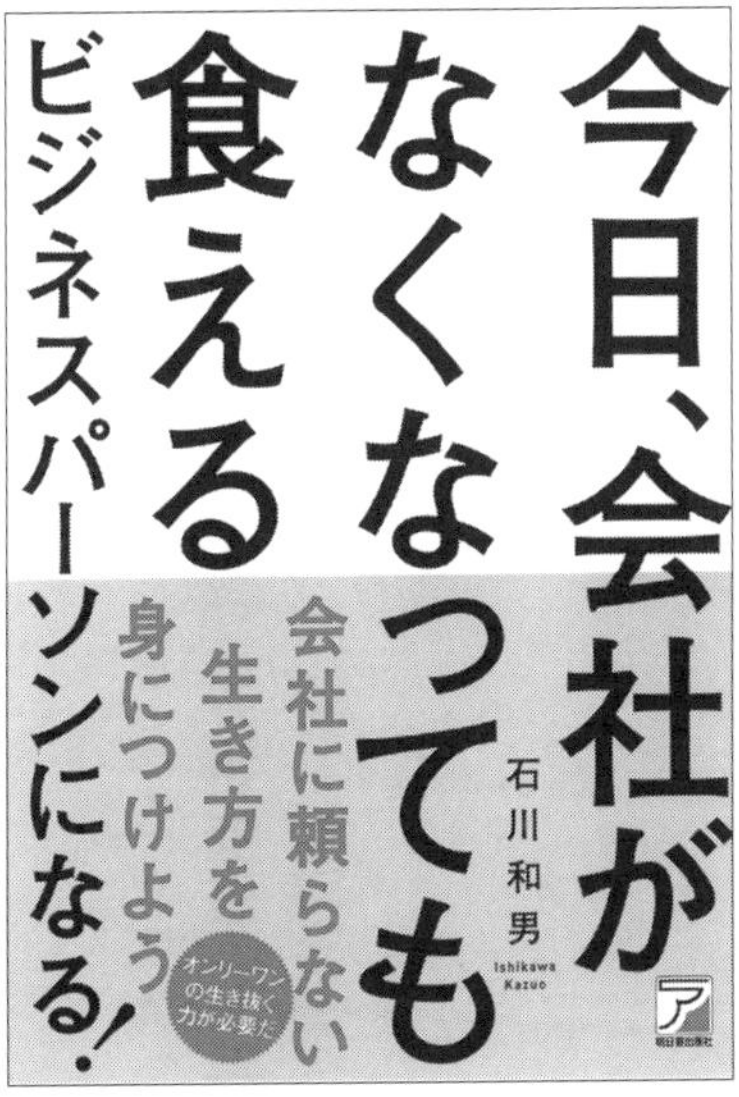


石川 和男著

Ｂ６判　256ページ

本体 1500円＋税

ＡＩによる職種の減少、外国人労働者の受け入れなど、ビジネスパーソンを取り巻く環境は、今後ますます厳しくなってきています。このような中生き残っていくためには、個人の能力を上げオンリーワンになるための専門性が必要です。時代を生き抜くテクニックを紹介します。

ISBN978-4-7569-2110-9

# 手帳で夢をかなえる全技術

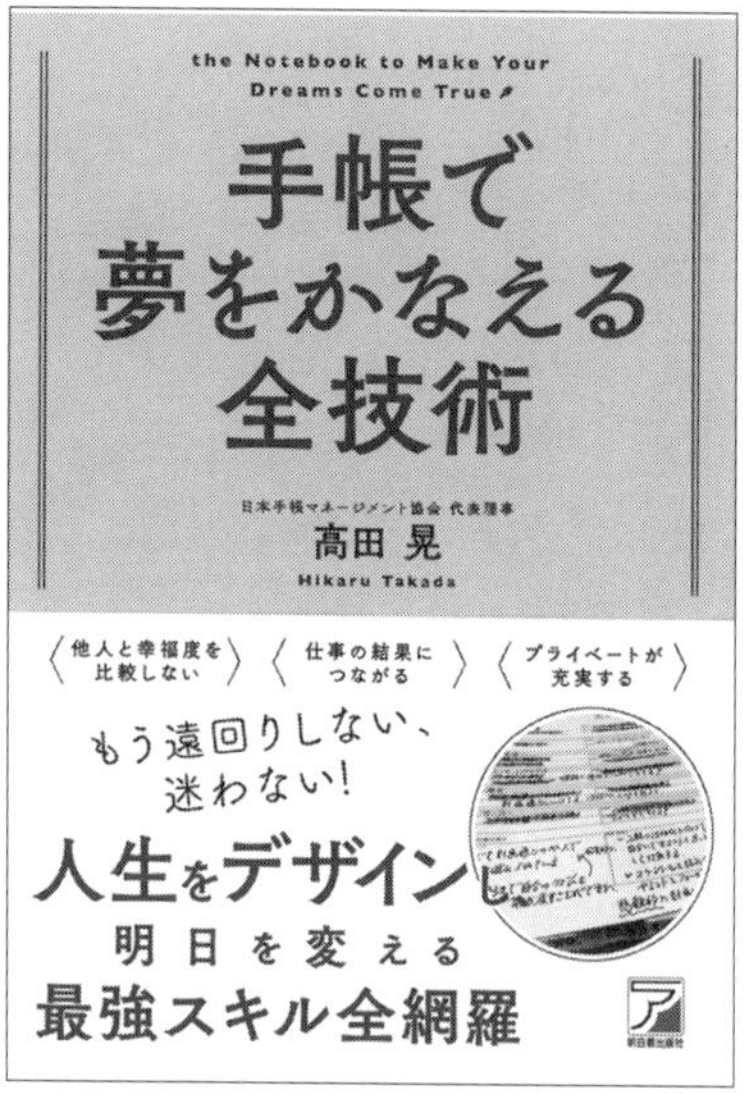


高田 晃著

B６判　296 ページ

**本体 1500 円＋税**

なりたい自分を明確にし、日々それに向かってどう歩んでいけばいいのかを、「手帳術」としてまとめた一冊。

手帳を、単にスケジュール管理やタスク管理のツールとして捉えるのではなく、「なりたい自分」と向き合い続けるための伴走者として使い倒す方法を徹底解説します。

ISBN978-4-7569-1865-9

# 仕事のミスが激減する「手帳」「メモ」「ノート」術

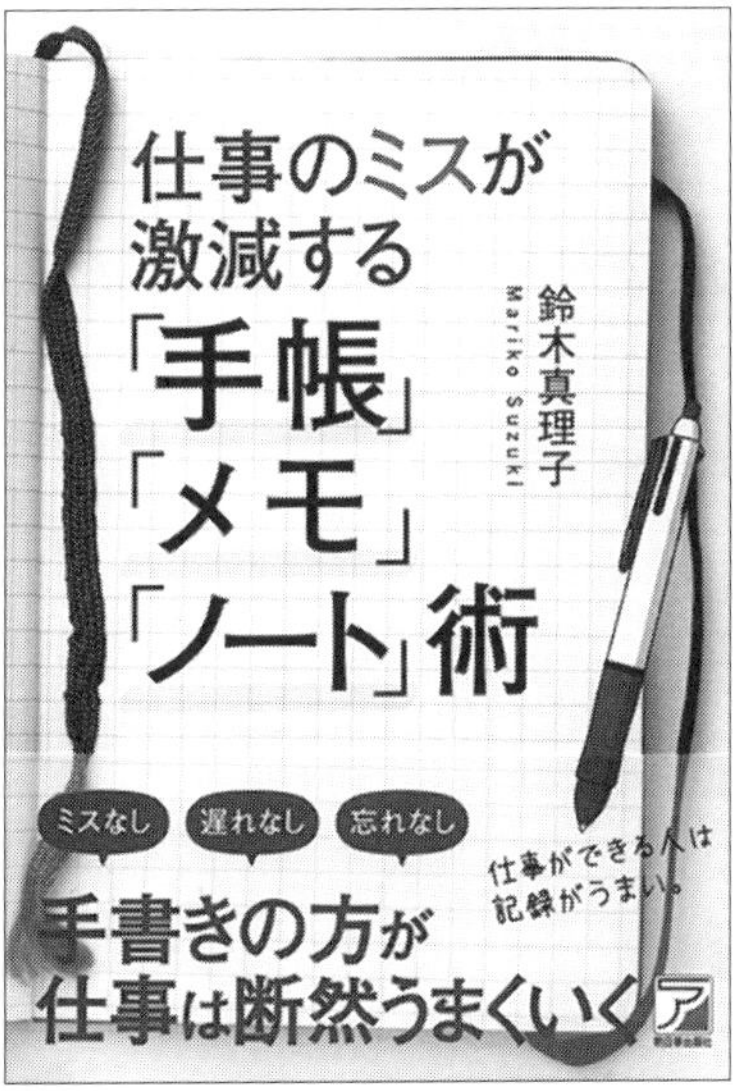


鈴木　真理子著

Ｂ６判　200 ページ
本体 1400 円＋税

「やることを忘れてしまった」、「期日を忘れてしまった」……。この原因は、メモること自体を怠ったか、メモをしただけで安心をしてしまったかのどちらかです。

本書は、ミスなし、モレなし、遅れなしを実現するための手帳、メモ、ノート、記録術をまとめます。

ISBN978-4-7569-1945-8

# 「すぐやる人」のノート術

塚本　亮著

Ｂ6判　192ページ

本体 1400円＋税

頭の中であれこれ考えていると、結局は何も動けなかったりする。

すぐやる人は、ノートというツールを使い、思考の整理を行ったうえで、実行に移しているもの。

著者が高校時代からつけている２つのノート術を軸に、実行力の高まるノートのつけ方を紹介。